光文社古典新訳文庫

フロイト、夢について語る

フロイト

中山 元訳

kobunsha classics

光文社

Über den Traum
1901

Ein Traum als Beweismittel
1913

Märchenstoffe in Träumen
1913

Traum und Telepathie
1922

Metapsychologische Ergänzung zur Traumlehre
1917

Einige Nachträge zum Ganzen der Traumdeutung
1925

Author : Sigmund Freud

『フロイト、夢について語る』＊目次

フロイト、夢について語る

第一部　夢についての考察

夢について（一九〇一年）

一

夢の解釈について

科学以前とでも呼べる時代にあっては、夢について説明することは、とくに難しいことではなかった。目が覚めてから夢を思い出した人々は、その夢について、悪霊であるか神であるかを問わず、超人間的な存在が自分に好意を示してくれたのか、あるいは悪意を示したのかのどちらかだと考えたのである。

自然科学的な考え方がさかんになると、このような深い意味を持った神話はすべて、心理学の領域に移ったのだった。現在では教養のある人であれば、夢というものは、その夢を見たその人の心理的な営みであることを疑う人はほとんどいないだろう。

夢についてのさまざまな問い

このようにして夢についての神話的な仮説が捨て去られると、夢というものについて何らかの形で説明する必要が生まれてきたのだった。夢はどのような条件で生まれるのか、目が覚めている間の心的な生と夢はどのような関係にあるのか、眠っている間にその人が知覚に受けた刺激は夢にどのような影響を与えるのか、目が覚めている時の思考にとって嫌悪すべき内容を持つ夢は、どのような特徴を持っているのか、夢見ながら心のうちで生まれるイメージとそれによって触発される感情の矛盾はどのように理解すべきか、そして最後にわたしたちは覚醒しているときには、夢は儚《はかな》いもの、自分とは異質なものであると遠ざけてしまい、夢を想起するさいには、これをでためで切り刻んだり消去したりしてしまうのはなぜなのだろうか。これらのすべての問題は、そしてその他の数多くの問題はすでに数百年も前から解決を求めているのであり、現在にいたってもこれらの問題は完全には解決されていないのである。

わたしたちがとくに関心を持つのが、夢にはどのような意味があるかという問題であるが、この問題には二つの問いが含まれている。第一の問いは、夢を見ることにはどのような心理的な意味があるのか、夢はその他の心理的な現象のうちでどのような地位を占めているのか、夢には生物学的に何らかの機能があるのかなどについて問うものである。第二の問いは、夢というものは解釈できるものなのか、そして他の心理現象と同じように、個々の夢の内容にも「意味」というものがあるのかについて問うものである。

夢の三つの評価の第一の流れ

夢を評価するには次のような三つの流れがある。第一の流れは、夢を過大評価していた古代の考え方を受け継いだもので、数人の哲学者がその代表となっている。これらの哲学者たちによると、夢を見るのは心の活動がとくに活発な時であり、そのような状態では心の生は普通よりも高揚した状態にあるとして、高く評価されるのである。例えばシューベルト[1]によると、夢を見ている間は、人間の精神が外部の自然の暴力から解放されているのであり、その間は魂が感性の束縛から解き放たれているというのである。これほど極端な主張を述べていない哲学者たちも、夢は本質的に心的な刺激から生まれるものであると考え、昼間に目が覚めている間は自由に現れることができなかった心的なエネルギーが姿を示しているのだと考えている（「夢の空想」の理論。シェルナー[2]とフォルケルト[3]の著作を参照されたい）。夢を研究する人の多くは、夢を見ている間は、記憶などのある種の領域において、特定の水準を上回る活動が行われていると考えている。

第二の流れ

これらの哲学者たちと鋭く対立しているのが大部分の医者たちであり、彼らは夢には心的な現象としての意味があることさえ認めようとしない。そして人々が夢を見るのは、眠っている人に外部から与えられるか、あるいはその人の内的な器官のうちで偶然に働き始めているような感覚的な刺激や肉体的な刺激のためだと主張するのである。その場合には夢の内容というものにはいかなる意義も意味も認めることはできなくなる。それはたとえば音楽の素養がまったくない人が、ピアノの鍵盤の上で一〇本の指を走らせた時に生まれる連続音のようなものだという。夢とはまさに「すべて無益で時には有害な身体的な現象」にすぎないとされるのである（ビンツ[4]）。夢を見るのは、普通であれば眠り込んでいるような脳の個々の部位や細胞の集まりが、生理的な刺激のために、たがいに関連なく働いたためだと説明されるのである。

第三の流れ

ところが多くの普通の人々は、学者たちのこうした意見には耳を傾けようともせず、夢が生まれる原因なども気にかけようともせず、夢にはやはり未来を予言するという意味があると考えているようである。夢の内容はたしかに混乱し、謎めいたものではあるが、それを解釈することによって何らかの意味を取り出すことができると考えるのである。

その際に夢の解釈のために使われるのは要するに、目が覚めた後で思い出した夢の内容を別のもので置き換えるという方法である。そして夢の個々の内容を検討しながら、そこに隠れている謎解きのための鍵を探し出すか、あるいは夢の全体を何か別のものの象徴と解釈して、夢をその別のものに置き換えるのである。真面目な人々はこのような試みを嘲笑しながら「夢とは泡沫のようなもの」と語るのである。

二

精神分析による夢解釈

ところで驚いたことにわたしはある日、夢についての医者たちの考え方ではなく、まだなかば迷信に囚われているような普通の人々の考え方こそが、夢についての実相に近いものであることを発見したのである。わたしは夢に対して心理学の新しい研究方法を適用することによって、夢の謎を解く鍵のようなものをいくつか手に入れたのであるが、「精神分析」という名のもとで多くの研究者に認められているこの新しい心理学の研究方法は、さまざまな恐怖症や強迫観念や妄想などを解消することで、顕著な成果を挙げている。

実際に夢を見ている間と、目覚めた状態における心的な疾患のさまざまな状態の間に多くの類似が見られることは、すでに多数の医者によって観察された事実であり、この観察は正しかったのである。そこで精神疾患の現象を治療するために役立った研究方法を、夢の解明のために応用することは、最初から有望なものと考えられた。不安や強迫観念は、正常な状態にある意識にとっては異常なものであるが、それと同じように夢は覚醒した状態にある意識にとっては異常なものである。意識にとって不安や強迫観念がどこから生まれたのかが分からないように、夢がどこから生まれたのかも、意識には分からないことなのである。

不安や強迫観念などの精神疾患の現象の由来や発生過程を研究する作業には、実際的な利益があることが想定されていた。このような研究作業によって、病的な観念とその他の正常な心理内容をつなぐ役割を果たしている無意識的な思考過程を解明することができると考えられたのである。こうした研究作業は、そうした精神疾患の症状を解消させる効果を発揮するのであり、それまでは抑制することのできなかった観念も克服できるようになることが、すでに経験から明らかになっていた。要するにわたしは、精神の治療から生まれた方法を、夢を解明するという目的のために利用したわけである。

自由連想法による夢の分析

この方法を実際に利用しようとすれば、それなりの指導と訓練を受けなければならないとしても、言葉で説明するのはたやすいことである。この方法を他の人に、たとえば不安観念に悩まされている患者に使う場合には、その患者に自分の不安観念に注意を集中するように指示するのである。ただしその患者がこれまでやってきたように、その不安観念についてあれこれと考えるのではなく、その不安観念に注意を集中した時に、その人の心の中に浮かび上がってくるすべてのものを、残らず記憶の中に留めておいて、それを医者に伝えるように求めるのである⑤。

あるいは患者は、どれほど注意を集中しても何も心に思い浮かばないと主張するかもしれないが、不安観念の内容が一つも姿を現さないということはありえないと、そのような主張は厳しく退けてやるのである。そうすると実際に患者の心の中に多くのことが浮かび上がってくるものであり、それにさまざまな思いつきが浮かんでくる。そのような場合に本人が、そうした思いつきは愚かしいものだとか、些細なものだとか、関連のないものだとか、問題の観念とは無関係にたまたま思いついただけのものであると判断してしまうことが多い。そのようにしてわたしたちは、こうした思いつきが意識に浮かばなかったのは、そしてそれを他人に言いたがらなかったのは、こうした批判的な態度のためだったことが分かるのである。

もしもわたしたちが、思いついたことに対するこのような批判的な態度を患者に捨てさせることに成功すれば、そして注意を集中した際に次々と思いついたことについて、そして新たに思いついたことについて熟考させることができれば、問題となる病的な観念とすぐに明確に結びつくような心理的な素材を手に入れることができるのである。こうした心理的な素材を武器にすれば、そうした病的な観念とその他の観念との結びつきを明らかにすることができるし、さらに作業を進めることで、そうした病的な観念をその人の心理的なメカニズムの全体に首尾よく組み込むことのできるような新しい観念によって置き換えることができるようになるのである。

意味のないものと思われる思いつきの重要性

もちろんこのような実験の基礎となるさまざまな前提条件についても、こうした実験を秩序立てて行うことで得られる結論についても、ここで詳しく述べる余裕はない。ただ次のことを確認しておけば十分であろう。すなわちどのような病的な観念の場合にも、「意図せずに思い浮かぶ」連想や、「思考を攪乱するような」連想について、そして本人が批判的な立場に立って価値のないものと考えて排除するような連想について詳しく調べることによって、そうした病的な観念を解き明かすために必要な素材は入手できるのである。もしも自分で自分を実験台としてこの方法について習熟したいと思うならば、当初はわけのわからない思いつきと考えられても、それをすぐにその場で書き留めることが大切である。

フロイトの見た夢の実例

この検査方法を夢に適用するとどうなるかを説明するために、ここでいくつかの夢の実例を挙げてみよう。この方法はどのような夢にも同じように役立つはずであるが、ここではある理由から、わたしが自分で見た夢のうちで、後から思い出しても曖昧で意味のないものと思われた夢を、そしてとくに短くて紹介しやすい夢を取り上げることにしよう。おそらくわたしが昨日の夜に見たばかりの夢が、この条件に適うものと思われる。わたしは目を覚ました後で、すぐに次のような夢を書き留めたのだった。

「パーティーの席、テーブルあるいはホテルの食堂。ホウレンソウを食べている。隣に座っているのはE・L夫人である。身体をすっかりわたしに向けるようにしていて、親しそうにわたしの膝の上に手をのせている。わたしはそれが嫌で、手をどかせてしまう。すると夫人は、あなたの目はいつも素敵ですねと言う。……するとわたしには二つの目がぼんやりと図形のように、あるいは眼鏡の枠のようなものとして見える」

　これがわたしの見た夢のすべて、あるいはわたしが思い出すことのできた夢のすべてである。この夢はわたしには曖昧で意味のないものと思えるし、何よりもいぶかしい感じがする。E・L夫人とこれまで親しい関係にあったことはないし、わたしの記憶する限りでは、親しくなりたいと思ったこともない。夫人とはしばらく会っていないし、この数日間に夫人について話題になったこともないと思う。夢を見ている間には特別な感情の動きはなかった。

　この夢についていろいろと考えてみても、さっぱり分からない。そこでわたしはここで自分を観察した結果として生まれてくる思いつきを、いかなる意図や批判もなしに、そのまま書き記すことにしよう。その際にこの夢の全体をいくつかの要素に分解し、それぞれの要素に結びついている思いつきを列挙していくのが望ましいことがすぐに明らかになる。

「パーティーの席、テーブルあるいはホテルの食堂」。これについてすぐ思い出したのは、昨晩の小さな出来事である。わたしはちょっとしたパーティーの後で、友人とともに帰宅した。友人は馬車でわたしを家に送ると言ってくれた。そしてその友人は「わたしはメーター付きの馬車が好きです。メーターがあると、気が楽になるのです。それに注意を向けていればいいわけですから」と言ったのだった。二人で馬車に乗ったが、馭者がメーターを倒すと、初乗りの料金六〇ヘラーが表示された。わたしは次のように言って、冗談ながらに友人の言葉を引き継いだ。「馬車に乗ったかと思うと、すぐに馭者に六〇ヘラーの借金ができてしまうのですね。メーター付きの馬車に乗ると、わたしはどうしてもホテルの食堂を思い出します。いつも借金を催促されているような、貧乏くさく、身勝手な気分になってしまいます。すぐに借金が増えていくので損をするのではないかと心配になるのです。ホテルの食堂でも、自分のところに配られる食事が少なすぎるのではないかと、損をしないように用心しなければならないと、愚かしい心配をしなければならないのです」。これとはあまり関係がないかもしれないと考えながら、わたしは次のような句を引用したのだった。

おん身はわれらを人生へと引き入れ
そして哀れな男に罪を犯させる（＝借金を負わせる）[6]

妻への不満

ホテルの食堂に関連して第二に思いついたのは次のようなことである。数週間前にわたしはチロル地方の高地にある療養地のあるホテルの食堂で、妻にひどく腹を立てていた。わたしが絶対につき合いたくないと考えていた数人の臨席の人々に、妻があまりに親しげな様子をしていると思ったからである。わたしは妻に、そんな他人よりもわたしの方に気を遣ってほしいものだと言ったのだった。ホテルの食堂でわたしが損をさせられているような気分だったのである。それからわたしはその食堂での妻の姿勢が、夢の中でE・L夫人がわたしに示していた「身体をすっかりわたしに向けるように」していた姿勢と正反対であることに気づいた。

妻へのプロポーズの記憶

さらに連想をつづけていくと、夢の中の出来事は、わたしが結婚する前の妻に人に知られずにプロポーズしていた頃に、彼女との間で起きた出来事をほとんどそのままに再現していることに、今になって気づいた。その頃、わたしは彼女に真剣なプロポーズの手紙を送っていた。彼女はその返事として、テーブルクロスの下で、わたしの手を握ってくれたのである。ただし夢の中では妻ではなく、わたしにとって馴染みのないE・L夫人が登場していたのではあるが。

ところがこのE・L夫人という人の父親に、わたしは借金をしていたのである。こう考えてゆくと、夢内容のさまざまな部分とわたしの思いつきとの間に、予想もしなかったような結びつきが存在することが明らかになってくる。このようにして夢の内容のある要素から出発して、さまざまな連想を辿って行くと、夢の中の別の要素に連れ戻されてしまう。夢についてのわたしの思いつきが、夢そのものにおいては明らかでなかったような結びつきをあらわにしてくれるのである。

他人の無償の好意

わたしたちはふだんでも、まったく利益にならないのに、他人は自分に奉仕してくれるはずだと信じているおめでたい人に出会ったならば、「いったい君が素敵な目をもっているからといって、こんなことが実際に起こると思っているのか」と問いかけて、嘲笑するのではないだろうか。そうだとすれば夢の中でE・L夫人がわたしに

「あなたの目はいつも素敵ですね」と言ったのは、「あなたにはすべて好意でしてあげたのですよ。あなたはもちろんすべて無償で手に入れたわけです」という意味であるとしか、考えられない。

もちろん実際にはその正反対であり、わたしが他人から好意を示されたとしても、そのためには高い代価を払ってきたのである。だからこそ、昨晩は友人に家まで送ってもらって、馬車にただ乗りしたということが、わたしに強い印象を与えたのは明らかだと思われる。

昨晩わたしたちを招待してくれた友人には、これまでに何度も世話になってきた。そしてわたしはつい最近、友人に恩返しをする機会があったのに、それを逃してしまったのである。わたしがその友人に贈ったものとしては、古代の皿一枚だけである。この皿には邪視《マロッキオ》を避けるために、外周部分にぐるりと目の模様、いわゆるオッキアレがつけられていた。ついでに言えばこの友人は眼科医である。わたしはこの友人にかつて、眼鏡を調整することを望んでいた女性患者を紹介したことがあり、昨晩その友人にこの女性のその後の様子を尋ねたのだった。

ホウレンソウ嫌い

このように考えてみると、夢の内容のほとんどすべての部分が新たな結びつきをもち始めたことを認めざるをえなくなる。しかしこの調子で連想をつづけていくなら、なぜ夢の中でホウレンソウの料理が出されていたのかと尋ねてもよいだろう。というのもこのホウレンソウは、つい先頃、わが家の食卓で起きたちょっとした出来事を思い出させるのである。

というのも子供の一人が、どうしてもホウレンソウを食べたくないと言い出したのだが、この子は本当に「素晴らしい目」をもっていると褒められても不思議はないほどの目をもった子である。そしてわたしも子供の頃はホウレンソウは嫌いだった。やがて好みが変わってホウレンソウは好物の一つとなったが、それまではこの野菜はわたしにとってはぞっとするほど嫌な食べ物だった。だから夢の中でホウレンソウの料理が出てきたということは、幼い頃のわたしと幼いわたしの子と結びつける役割を果たしていることになる。

わたしの母は好き嫌いをするわたしに大声で「ホウレンソウを食べられるだけでもありがたいと思いなさい」と言ったのだった。「ホウレンソウさえ満足に食べられない子供たちもいるのですよ」と。このようにしてわたしは子供に対する親の義務というものを思い浮かべたのだった。すでに述べたゲーテの引用「おん身はわれらを人生へと引き入れ そして哀れな男に罪を犯させる」という文は、この連想との結びつきで、新たな意味を帯びてくるのである。

夢と個人の秘密

ここで一休みして、わたしの夢を分析してえられたこれまでの成果をまとめてみよう。夢の内容の中で、あまり結びつきがないようにみえる個々の要素について連想を辿っていくうちに、わたしの心の生の貴重な表現と認めざるをえないような観念や記憶が浮かび上がってきた。夢分析によって発見されたこれらの素材は、夢の内容と密接に関連しているのではあるが、連想を試みていなければ、夢の内容との結びつきだけからでは、このような素材を発見することはできなかったと思われる。

夢そのものは強い感情の動きは伴っていなかったし、脈絡なく理解しがたいものだった。ところが夢の背後にある観念を展開してみると、十分に根拠のある強い感情の動きが感じられたのである。そしてこれらの観念は、論理的に結びついた連想の糸にうまくつなぐことができていて、この連想の糸のうちで、ある種の観念が中心的な位置を占めながら繰り返し登場してきたのである。

わたしたちが分析した夢の中では、夢で実際に登場しない中心的な観念として、「利己的な」と「非利己的な」という対立した観念があげられる。さらに罪を負っている（あるいは借金を負っている）という観念と、無償で（あるいは無駄なことをして）という観念の対比もあげることができよう。

分析によって明らかになったこの複合的な連想の糸をもっと詳細に分析して、これらの糸が集まって一つの結び目を形成していることを示すこともできるだろう。ただしここでは学問的な配慮というよりも個人的な配慮から、そのような作業を公然と行うことは差し控えたい。このような最終的な解明を行ったなら、自分でも認めたくないようなことがいろいろと明らかになってくるのであり、そうした作業を続けるならば、わたしの私的な秘密としてとどめておくべきことを、白日のもとにさらすことになりかねないからである。

それではなぜ、分析の結果を公開しても困らないような夢を実例として選ばなかったのかと尋ねられるかもしれない。そのような夢を選んでおけば分析によって発見された素材が持つ意味や結びつきについて、もっと説得力のある主張を展開できるのではないかと疑問に思われるかもしれない。しかしこうした疑問に対しては、わたしが分析しようとする自分の夢は、たとえそれがどのような夢であろうと、ここで実例としてあげた夢と同じように、公にすべきでない素材が明らかになるのは間違いのないことであり、そのような素材はやはり公開したくないからであると、答えざるをえないだろう。このような困難な状況は、他人の夢を分析した場合にも必ず起こるのである。その例外となるのは、すべてを明らかにしても、その夢をわたしに打ち明けてくれた人に迷惑がかからないような特別な状況に限られるのである。

心理的な代用物としての夢

これまでの議論に基づいて、わたしとしては「夢とは、強い感情の動きを伴う多数の意味深長な思考のプロセスの代用物である」と言わざるをえないのであり、わたしはこれまでの分析に基づいてこのような思考のプロセスを発見してきた。このような思考からどのようにして夢が生まれるのか、そのプロセスはまだ明らかになっていないとしても、夢とは眠りを妨げられた個々の脳細胞の孤立した活動によって生まれる心理的に意味のない純粋に身体的な現象であると考えるのは間違いであることは、すぐに洞察できる。

二つの留意点

ここで次の二つのことをつけ加えておきたいと思う。すなわちわたしが代用物であると考えている夢の内容は、その源泉となったさまざまな思考よりもはるかに短いものであること、また分析によって、夢を見る前の晩の些細な出来事が、夢を生み出す重要な源泉となっていることが明らかになったことである。

夢についての二つの問い

わたしが分析したのがたった一つの夢でしかないのであれば、このような重要な結論を出すのを控えるべきであることは当然であろう。しかしこれまでの経験から明らかになったのは、批判的なまなざしを注ぐことなく連想を辿っていくならば、どのような夢からも一連の観念の糸をたぐり出すことができるということ、そしてこれらの観念の糸はその夢の構成要素を再現したものであり、意味のある形でたがいにしっかりと結びついたものであるということである。このため夢分析によって最初に確認された連関も、たんなる偶然の産物にすぎないというような予測は、否定せざるをえないのである。そしてわたしにはこのようにして生まれた新たな知識を確立するために、それに名前をつける権利があるはずである。

そこでわたしは自分の記憶の中にある夢そのものを「顕在的な夢内容」と呼ぶことにし、分析によって発見されたその夢の素材を「潜在的な夢内容」と呼ぶことにしよう。さしあたってそれ以上の細分化は控えておくが、これによってこれまでは提出されていない新たな二つの問いが提起されることになる。

第一の問いは、潜在的な夢内容から、わたしが記憶している顕在的な夢内容が生まれるためには、どのような心理的なプロセスが橋渡しをしているかという問いである。第二の問いは、このような「翻訳」が必要となった背景には、どのような動機があるのかという問いである。

ここで潜在的な夢内容が顕在的な夢内容に変化するプロセスを「夢の仕事」と呼ぶことにしよう。これとは反対の方向に向かって顕在的な夢内容から潜在的な夢内容へと進む作業は、「分析の仕事」として、わたしたちにはすでに馴染みのものとなっている。

夢についてのその他の問い

夢についてはこの他にも、夢を生み出す源泉は何か、夢の素材を生み出す源泉は何か、夢に意味があるとすればそれは何か、夢を見るという活動に何らかの機能があるとすれば、それはどのようなものか、わたしたちはなぜ自分の見た夢を忘れてしまうのか、などの問題があるが、これらの問題を解明するためには顕在的な夢内容ではなく、新たに発見された潜在的な夢内容を手がかりにすることにしよう。

夢についての文献には矛盾した記述や間違った記述が多く見られるが、このような間違いが生まれる原因は、潜在的な夢内容についての知識が欠如していることにある。これについては分析によって初めて秘密のベールを剝がすことができるのだとわたしは考えている。そこでこれからこの問題を解明する際にも、顕在的な夢内容と潜在的な夢内容を混同することを防ぐために、ごく慎重に考察してゆきたいと思う。

三

夢の三つのカテゴリー

潜在的な夢内容が顕在的な夢内容へと変化する現象は、心理的な素材が一つの表現形式から別の表現形式に変換されるという現象を意識できるようになった初めての例として、きわめて注目に値するものである。この変換プロセスにおいては、わたしたちがそのままで理解することのできる表現形式から、他人の手を借りながら、自分でも努力することによってどうにか理解できるようになる表現形式へと転換されているのである。わたしたちは自分でもすぐには理解できないこうした表現形式が、自分自身の心的な活動から生まれたものであることは承認せざるをえないのである。

潜在的な夢内容と顕在的な夢内容の関係という観点から、夢を次の三つのカテゴリーに分類することができる。

第一のカテゴリーは、意味があって、同時に理解することのできる夢である。これはわたしたちの心の生の中にそのまま取り入れても、とくに問題が生まれないような夢である。このような夢の数は多いが、普通は短いものにすぎず、わたしたちを驚かせたり、怪訝な思いをさせたりすることはほとんどない。そのためあまり重要なものとみなされないことが多い。

ついでながら、この種の夢が存在するということは、夢が個々の脳細胞の孤立した活動から生まれるという主張に対する有力な反証となる。この種の夢には、心的な活動が減退したために生まれたとか、分裂したために生まれたと思わせるような兆候はないからである。それにこれが夢であることを疑うような人はいないし、覚醒している間の心的な活動の産物と混同されることもないのである。

第二のカテゴリーに属する夢は、それ自身においてはっきりとした脈略があり、明確な意味をそなえているものの、そのような夢のもつ意味がわたしたちの心の生のどのような場所に位置を占めるのかが明らかでないために、わたしたちに不審な思いを、させるような夢である。たとえば親しい親戚の人がペストで死んだ夢を見たとしよう。ところが夢を見た本人には、そのようなことを期待したり、懸念したり、推測したりするような理由がないため、なぜそのような考えが浮かんだのかと不審に思うような場合を、こうした夢の例としてあげることができるだろう。

第三のカテゴリーに分類される夢は、意味がなく、理解することもできないような夢であって、脈絡がなく、混沌としていて、無意味なものと思える夢である。圧倒的に多数の夢の産物はこのような特徴をそなえているのであり、この特徴のために夢が軽視されるようになったのである。そして医者たちが主張するように、夢は心的な活動が制約されたために生まれたという理論が作り出されたのである。いくらかでも長く複雑な夢であれば、このような脈略のなさという特徴がそなわっていないことの方が、稀なのである。

顕在的な夢内容と潜在的な夢内容の対立

顕在的な夢内容と潜在的な夢内容との対立ということは、第二と第三のカテゴリーの夢だけにあてはまるものであるのは明らかだが、さらに言えば、第三のカテゴリーの夢に根本的に関わりがあるものである。というのも第三のカテゴリーの夢がわたしたちに不思議に思わせる謎を解くためには、顕在的な夢内容ではなく、潜在的な夢内容にこそ注目しなければならないからである。すでに述べた夢についてのわたしたちの分析も、混沌としていて理解できない夢を実例として行われてきたのである。

ところが分析してみると期待に反して、潜在的な夢内容を完全に理解することを妨げるような心理的な動機に出会うことになる。わたしはこのような経験を繰り返したため、理解できず混沌としているという夢の性格と、夢の内容を他人に明かすことに伴ういくつもの困難さの間には、つねに密接で規則的な関係があると想定せざるをえなくなった。

ただしこの関係について考察する前に、もっとわかりやすい第一のカテゴリーの夢を調べてみるのが望ましいだろう。この夢では顕在的な夢内容と潜在的な夢内容が一致しているため、「夢の仕事」は不要であるかのように思われるのである。

子供の夢の重要性

この第一のカテゴリーの夢を分析するのは、「子供の夢の分析という」別の観点からも望ましいことである。子供たちが見る夢はどれもこの種の夢であって、意味があり、不審を引き起こすことはない。ところでこの事実は、夢は睡眠中に脳の活動が意識と分離したために生まれたものであるという理論に対する新たな反証となるものである。というのも大人においては、眠っている間に心理的な機能がこのように減退することが避けられないのだとすれば、子供の場合にも同じことが起きていることは否定できないからである。そしてわたしたちは、はるかに単純なものと思える子供たちの心理過程を分析することによって、大人の心理活動を解明するために不可欠な準備をすることができると期待できるのである。

子供の夢の五つの実例

そこでいくつか集めた子供の夢の実例を紹介することにしよう。一九か月になる女の子が午前中に嘔吐したために、その日は何も食べさせてもらえなかった。乳母によると、嘔吐の原因はイチゴの食あたりだという。

この女の子は空腹ですごしたその日の夜に眠りながら寝言を言って、自分の名前を言った後で、「イチゴ、キイチゴ、オムレツ、おかゆ」とつけ加えたのだった。この女の子は自分が食べている夢を見たのだろう。そして自分が今度食べるときに、あまりたくさんは食べさせてもらえないだろうと勝手に考えた食べ物を、自分の知っている食べ物のリストから選んだに違いない。

また二二か月になるヘルマンという男の子が見た夢も、自分が食べさせてもらえなかった食べ物についての夢だった。夢を見る晩の前の日にその男の子は、新鮮なサクランボがたくさん入った籠をおじさんに渡しなさいと命じられたのだが、男の子はサクランボをほとんど食べさせてもらえなかったのである。そしてこの男の子は目覚めた後でうれしそうに「ヘルマン、サクランボ、みんな食べちゃった」と言ったのである。

さらに三歳と三か月になる女の子は、その日の昼間に船で湖を渡ったのだが、もっと乗っていたかったらしく、船から降りるのを嫌がって泣いたのだった。この子が翌朝に話したところによると、夜の間に［夢で］また湖を渡ったという。中断した船の旅を続けたわけである。

さらに五歳と三か月になる男の子は、ダハシュタイン地方でハイキングをしたが、このハイキングが物足りなかったらしくて、新しい山が見えてくるたびに、「あれがダハシュタイン山なの？」と尋ねるのだった。そして大人たちと一緒に滝を見物に行くのを嫌がっていた。大人たちは疲れていたからだろうと思っていたが、男の子が翌朝になって、「ぼくはダハシュタイン山に登ってきたよ」と夢の話をしたので、前日に滝に行くのを嫌がった理由が明らかになったのである。この男の子は遠足の目的がダハシュタイン山に登ることだと考えていたので、ダハシュタイン山が見えてこないことに失望していたのである。そして昼間の失望の埋め合わせを夜の夢でしたわけである。

六歳の女の子の夢もよく似たもので、父親と一緒に散歩に出かけたが、もう遅くなるからというので途中で引き返さなければならなかった。帰り道でこの女の子は、別のハイキングコースの道標があるのに気づいたので、父親は別の機会にそのハイキングコースに連れて行くと約束をしたのだった。翌朝その女の子は父親に向かって「パパはわたしと一緒に、あっちにもこっちにも行ったの」と夢の話をしたのである。

子供の夢の第一の特徴——願望の充足

これらの子供の夢に共通する特徴はすぐに明らかになる。どの夢も、前の日に刺激されたまま満たされなかった願望が満たされる夢なのである。これらの夢は単純でむき出しの願望充足の夢なのである。

次にあげる子供の夢の実例は、一見したところでは理解し難いものであるが、これも願望充足の夢なのである。満四歳になろうとする女の子がポリオに感染したために、田舎から町に連れてこられた。この女の子は子供のいないおばさんの家に泊められ、その子には大きすぎるベッドに寝かされた。翌朝にその子は「ベッドが小さすぎて、寝る場所を見つけることができなかった」夢を見たと報告したのである。

この夢が願望充足の夢であることを明らかにするには、子供たちがよく口に出す願望の一つに「大きくなりたい」という願いがあることを想起すれば十分である。このベッドがあまりに大きいために、いつも大きくなりたいと願っていた小さな少女は、自分の小ささをことさらに思い知らされたのだった。そこで少女は夢の中で、自分にとっては腹立たしい状況に手を加えたのであり、自分が大きくなりすぎて、大きなベッドも自分には小さすぎたと思い込んだのである。

子供の夢の内容が複雑で繊細な場合にも、そうした夢が願望充足の夢であると解釈しても、それほど間違いはない。たとえば八歳になる男の子が、ディオメデスが馭者をしている戦車にアキレウスと一緒に乗った夢を見た[7]。この子は前の日にギリシアの英雄物語を読みふけっていたことが分かっていた。この男の子がこれらの英雄たちを自分の手本として思い描いていて、彼らと同じ時代に生きていなかったことを残念に思っていたことを証明するのはたやすいことであった。

子供の夢の第二の特徴――昼間の生活との関連

このような子供の夢の数少ない実例からも、子供の夢に見られる第二の特徴がすぐに明らかになる。それは昼間の生活との結びつきである。夢の中で充足される願望は、子供が昼間に、それも前日の昼間に満たされなかった願望であり、しかも目が覚めている間に、強い感情によって強調されていた願望なのである。大切でない事柄やどうでもよいこと、あるいは子供にとってどうでもよいと思われたことは、夢内容においてはまったく取り上げられないのである。

大人の間接的な願望充足の夢

大人の夢についても、幼児の夢と同じ種類の夢の多くの実例を集めることはできるが、すでに述べたように、その内容は貧弱なものである。たとえば夜中に喉が渇いたと感じた大人はきまって何かを飲む夢を見て、喉の渇きを癒して、眠りつづけようとすることが多い。

また起きなければならない時間になると、起きずに寝ていられるように「重宝な夢」を見る大人も多い。たとえば自分がもう起きて洗面台の前にいる夢とか、それにふさわしい時間に学校や事務所に到着している夢を見るのである。また旅行に出かける前の晩に、すでに目的地に到着してしまった夢を見ることも多いし、お芝居を観に行く前の晩やパーティーの前の晩に、待ちきれないかのように夢の中でその楽しみを先取りして享受することも多いのである。

願望の充足をもっと間接的に表現する夢もある。そのような夢が願望の充足の夢であることを明らかにするためには、推理して夢の内容と願望の充足との関係を結びつける必要があり、すでに解釈作業を始める必要がある。たとえばある男性がわたしに、自分の若い妻に月経が訪れた夢を見たと語ってくれたとしよう。その場合にはわたしはその若い妻が、月経がなかったならば、自分は妊娠していると考えねばならないと思っているはずだと、解釈すべきなのである。だから、この女性に生理がなかったという夢を夫が見たとすれば、それは妻が妊娠したことを夫が認識するということである。そうだとすると妻に月経が訪れた夢を見たということは、夫は妻が妊娠するのはもっと先であってほしいと望んでいて、その願望が夢の中で充足されたことを意味しているのである。

切羽詰まった異常な状況では、大人でも幼児的な性格を帯びたこの種の夢をしばしば見ることがある。たとえば極地探検隊の隊長だったある男性によると、氷に囲まれた極地で越冬している間は、食事は単調になり、支給品も乏しかったという。そして隊員たちは、子供たちが豪華な食事をとる夢を見るように、山のような煙草をもらった夢を見たり、もう帰宅して我が家でくつろいでいる夢を見たりしたという。

大人の夢の複雑さ

長くて複雑で、全体として混沌としている夢にも、願望の充足であることがはっきりとしている部分的な夢が挟まっていて目立つものの、それが理解できない別の素材と切り離せない形で結びついていることも少なくない。一見すると理解することのできないような大人の夢でも、経験を積んだ人物が分析してみると、子供の夢のように単純なものではなくても、ある願望の充足の背後に別の意味の隠されていることが明らかになって驚かされることも多いのである。

もしも夢分析をつづけてゆくことによって、意味がなく混沌とした大人の夢も、昼間の間に強く感じていた願望を充足するという幼児の夢と同じ性格のものであることを示すことができれば、夢がわたしたちに投げかけている謎も、単純にそして満足すべき形で解明されることになるだろうが、そのような期待が実現することはほとんどない。夢の多くは、ごく瑣末でまったく予想を超えた素材をたくさん含んでいるのであり、顕在的な夢内容から判断する限り、願望の充足などはまったく見当たらないことが多いのである。

純粋な願望充足の夢における「夢の仕事」

あからさまに願望が充足される子供の夢についてはこのくらいにしておきたいが、その前に夢の主要な特徴の一つとして昔から指摘されていることについて考えておこう。この特徴は幼児の夢にもっとも純粋な形で現れることが多いが、夢全体が一つの願望文で表現されるというものである。

「湖を渡る船旅がもっとつづけばよかったのに」とか「もう起きていて顔も洗って服も着てしまっていたらよかったのに」とか「あのサクランボをおじさんにあげずに、自分で全部食べられたらよかったのに」というわけである。

しかし夢というものは、このような願望文で表現されるものよりも多くのものを含んでいるものである。このような夢ではすでに、願望を充足されたものとして表現しているのであり、願望の充足はすでに現実になったもの、現在のものとして描かれている。そしてつねにではないとしても、夢での描写のために使われる素材は具体的な状況であり、その大部分は視覚的なイメージである。

要するにこのような幼児の夢においても、ある種の転換作業が、「夢の仕事」が行われているのである。すなわち願望文の形で表現されているひとつの願いが、夢の中では直接法現在の文によって、視覚的なイメージで置き換えられているのである。

四

最初に分析した夢における願望の充足

そうであるならばわたしたちとしても、たとえ混沌とした夢であっても、このような形で視覚的なイメージへの転換が行われていると考えたくなるものである（このような夢の背後に、子供の夢と同じような願望文で表現されるような気持ちが潜んでいるかどうかは明らかでないとしてもである)。

わたしたちがかなり詳細に分析した最初の夢についても、次の二つの点からそのように考えることができると考えられる。

第一に、この夢を分析したところ、ホテルの食堂で妻がわたしよりも他の人々に気を遣っていることを、わたしが不愉快に感じているという事実が明らかにされた。ところが夢の内容はまさにその反対であり、妻の代役と思われる女性は、わたしに親しげに接していたのである。ある不愉快な経験をした後で、それとは反対のことが起こってくれたらよいという願望が生まれ、それが夢の中で実現されるのは自然なことではないだろうか。

第二に、「わたしは何も無償で手に入れたことはない」という苦い思い出と、夢の中でE・L夫人が語った「あなたの目はいつも素敵ですね」という言葉の結びつきが、分析によって確認されたが、これについてもまったく同じことが指摘できる。すなわち顕在的な夢内容と潜在的な夢内容の間に矛盾が生まれる原因の一部は、願望の充足にあると考えることができるだろう。

濃縮の仕事

ところが夢の仕事にはもっと顕著な側面があって、これが支離滅裂な夢を作りだす働きをしているのである。どのような夢でも、それを分析しながら夢そのものに含まれている表象の要素の数や、そうしたものが記録されている量と、夢の中に痕跡が残っていて、分析によって明らかにされる夢の観念の量を比較してみれば、そこで夢の仕事によって、非常に大規模な凝縮あるいは濃縮の仕事が行われているのは疑問の余地がないことである。

この濃縮作業がどの程度の規模のものであるかについては、ここでは判断を下すことができないが、夢分析をつづければつづけるほどに、この作業には感嘆の念を抱かざるをえなくなる。すなわち分析が進むと、個々のどの夢内容でも、連想の糸が必ず二つまたはそれ以上の方向に分岐していることが分かってくる。どの場面も二つまたはそれ以上の印象や体験が重ね合わせられたものであることが明らかになるのである。

たとえばわたしが見たある夢には次のような情景があった。「プールのようなものの中で泳いでいる人々が、さまざまな方向に向かっている。プールの側には一人の人が立っていて、泳いでいる一人の方に身体を傾けて、その人を水の中から引き上げようとしているように見える」

ところでこの光景は、わたしの思春期の頃のある体験と、この夢を見る直前に見た二枚の絵が合成されたものなのである。その絵とは画家のモーリッツ・フォン・シュヴィントが描いたメルジーネ（水の精）の連作のうちの「水浴び中に不意をつかれて狼狽する水の精」（さまざまな方向に泳いで逃れようとしている人々）の絵と、あるイタリアの巨匠の「ノアの洪水」の絵だった。

わたしの思春期の頃の体験というのは、スイミングスクールで、男性が使うように割り当てられた時間になるまでプールでぐずぐずとしていた女性を水から引き上げるために、先生が手を貸しているところを目撃したことである。

分析のために実例として選んだ夢の情景を分析していくうちに、いくつかの記憶が心に浮かんできた。これらの記憶はどれもわずかずつ、夢の内容に関わるものだった。

第一の記憶は、すでに述べたようにわたしが結婚前の妻にプロポーズしていた時代の細やかな情景の記憶であり、妻がテーブルの下でわたしの手を握ったことである。若い頃のこの出来事が、夢の中で「テーブルの下で」という細部の背景になっていることが明らかになってきた（今にして思えば、夢の説明で「テーブルの下で」という言葉を補っておくべきだった)。その当時では「身体をすっかりわたしに向けるように」ということなどは、考えられないことだった。

分析によると、これは反対物による願望充足の例であり、食堂の席での妻のふるまいと結びついていることが明らかになった。ただしこの生々しい記憶の背後には、これと似ているがもっと深刻なわたしたちの婚約時代の場面の記憶が潜んでいるのであり、そのためにわたしたちは一日ずっと、口もきかなかったのである。

この夢の「親しげにわたしの膝に手をのせる」という情景は、まったく別の関連の情景と結びついているのであり、登場人物もまったく別の人々である。そしてこれらの夢要素が、さらに別の二つの特別な記憶系列の出発点になっていたのである。

夢解釈の基本法則

夢の思想を形成する素材が寄せ集められて夢の中の情景を作り出すためには、初めからそのような目的に適う素材でなければならないのは明らかである。そのためにはその情景を構成するすべての要素に共通する点が、一つまたは複数で存在していなければならない。この条件が整うならば、フランシス・ゴルトン[8]が同族写真を合成したのと同じような方法で、夢の仕事が行われることになる。すなわちさまざまな構成要素を重ね合わせるのである。すると全体のイメージにおいては、共通したところがはっきりと浮かび上がり、たがいに矛盾した細部は、打ち消し合ってほとんど消えてしまう。

このような夢の成立過程を考えるならば、夢内容の非常に多くの要素がぼかされていて、しかもそのぼかされ方が一定なものではないという謎も、ある程度は理解することができる。

こうした考察に基づいて、夢の解釈の次のような法則を定めることができる。すなわち「夢を分析する際に不確定な要素が、あれかこれかのどちらを選択するかという二者択一をみいだすことができた場合には、それを〈あれでもあり、これでもある〉というように解釈し直すべきである。そして一見したところ二者択一に思われたあれとこれの二つの選択肢のそれぞれを独立した出発点として、そこから新たな連想を続けるべきである」ということになる。

夢思想の共通点を作り出す作業

夢思想の間にそのような共通点がない場合には、夢において共通の描写ができるように、そうした共通点を作りだすように、夢の仕事が努力する。また共通点がまったくないような二つの夢思想を近づけるためのもっとも簡単な方法は、片方の夢の言葉に変更を加えることである。すると同時に他方の夢思想の表現にも対応する変更が起こり、二つの夢が近づく。

この作業は作詩における押韻の作業に似たものである。押韻では共通の音を手がかりに二つのものを近づけるが、夢の仕事では夢の共通したところを手がかりに二つの夢を近づけるのである。

夢の仕事の多くは、このような媒介となる観念を作り出す作業であり、これらはとても気が利いていることも多いが、こじつけと思われるものも多い。このような媒介となる観念の果たす役割は、夢の内容の共通点を描き出すことに始まって、その形式も本質もさまざまに異なり、さまざまな機会に見られた夢によって動機づけられた夢思想に働きかけることにまで及んでいる。

わたしたちが実例として示した夢分析においても、ある夢思想をそれとはまったく異なる夢思想と関連させるために、変形が加えられていることが確認できる。すなわち夢を分析しながらわたしは、「わたしは一度くらいは無償で何かを手に入れたい」という観念に出会ったが、この観念の形式はそのままでは夢の内容として使うことができない。そこでこの観念の代わりに「わたしは〈費用〉を払わずに何かを享受したい」という新しい形式が登場してきたのである。

ところがこの費用（コステン）という言葉には、「味わう」という動詞の意味があるために、ホテルの食堂に関わる観念グループにふさわしいものである。そこでこれが夢の中で食卓に登場したホウレンソウという形で使われたのである。わたしたちの家庭では、子供たちの嫌いな食べ物が出ると、母親は最初は優しい口調で「まあ食べて（コステン）ごらんなさい」と言うだろう。夢の仕事が単語の二義的な性格をこれほど手軽に利用することは奇妙に思われるかもしれないが、経験を積んでくればごく普通の出来事であることが分かるものである。

混合人間の作り方

夢内容の中には、夢に特有で、目覚めている間には意識にのぼることのない要素が登場するが、これは夢の仕事の濃縮作業によるものであることが分かってくる。こうした要素としてはたとえば、集合人間あるいは混合人間の観念があげられるが、これは東方の民族の空想の産物である合成動物にも似た混合による形成物である。これらの混合による形成物は、わたしたちの思考のうちではすでに硬直して固定化されているが、夢の中の合成物は限りない豊かさを示しながら、いつも新たに形成されつづけているのである。

誰でも自分の夢経験によって、このような混合による形成物についてはよく知っているものであるが、こうしたものが生まれる方法はきわめて多様である。たとえば夢の中でこのような混合によって一人の人物像を作り出すことができるが、その際に二人の人物からそれぞれの特徴をいくらかずつ借りてきて、姿格好はある人物から借りて、名前は夢の中では別の人物からもらうとか、見かけはある人物から借りてきて、その情景は別の人物が経験したものからもらってくるなどの方法が利用できる。

これらのすべての場合において、さまざまな人物が夢内容ではただ一人の人間のうちにまとめられていることには意味があるのである。そのことは二人の人物のいずれも同じような人であるとか、あるいはどちらの人物にも共通したところがあるなど、モデルとした人物たちには、ある点において同じところがあることを示しているのである。そしてそのことが夢の中で言及されることもある。しかしこのように合成された人物たちのうちにある共通点は、分析によって初めて発見されるものであり、夢内容においてはこうした共通点は集合人間の存在によって、わずかに暗示されているだけであることが多い。

夢の合成作用の実例

夢内容の中に現れるほとんど無限なほど多様な混合形成物も、それを作り出す方法はきわめて多彩であるが、その謎を解くためにはこれまで説明してきた法則が利用できる。ここでそれらの実例をあげる必要はないだろう。そうしたものが奇妙に思えるのは、それらを目が覚めている時の知覚の対象と同じようなものと考えるからである。こうした混合形成物は夢の仕事の濃縮作業によって生み出されたものであって、いくつもの異なる対象に存在している共通点を結び合わせながら、巧みに要約して強調していることに気がつけば、奇妙なところはなくなる。こうした混合形成物においてもその共通点を明らかにするためには分析が必要となることが多い。夢の内容が語っているのは「これらのすべてにある共通点が存在する」ということだけであって、夢を分析しながらこうした混合形成物を分解してゆけば、その意味がすぐに明らかになることが多い。

たとえば夢の中でわたしは、大学時代の教師の一人とベンチに座っていた。ところがこのベンチは他のベンチに囲まれていたが、このベンチだけがかなりの速度で移動していたのである。この夢は、大学の教室と動く歩道のイメージを結びつけたものである。それがどのような意味を持っているかは連想によって分析する必要があるが、ここではそれは控えることにする。

また別の夢で、わたしは汽車の中に座っていた。そして膝の上に透明なガラスでできたシルクハットのようなものを載せていた。この状況からすぐに思いついたのは「帽子を手にして国中を旅する」「身なり礼儀はいつも正しく」という諺だった。またガラスでできた円筒形の物体ということからは、わずかに迂回しながらアウアー灯を思い出したのであり、それからアウアー・フォン・ヴェルスバッハ博士[9]の名前を思い出した。わたしはこの夢によって、自分が同国人のヴェルスバッハ博士と同じような発明をして、博士と同じように金持ちで自由な身分になりたいと考えていること、そしてウィーンにとどまらずにさまざまな場所に旅行に出掛けたいと考えていることが分かったのである。わたしは夢の中で、むろんまだ普及していないガラス製のシルクハットという自分の発明品を膝に載せて旅行していたというわけである。

夢の仕事がとくに好んでいるのは、矛盾する二つの観念を同じ混合形成物によって表現することである。たとえばある女性の見た夢では、その女性は自分が花の咲いた草の長い茎を持って、マリアの受胎告知の絵に見られる天使のようにしているのを見た。この女性はマリアという名前であり、その名前は純潔を表しているが、草の茎には椿に似た肉厚の白い花が咲いていた[10]。これは「椿姫」からきたイメージであり、純潔とは正反対のイメージを示している。

夢思想と夢の構成要素の関係

夢の仕事による濃縮作業についてわたしたちがこれまで明らかにしてきたことの多くは、次のように要約することができる。すなわち夢内容の構成部分のそれぞれは、夢思想の素材によって重層的に規定されている。しかもこれらは夢思想の個々の要素から生まれたものではなく、複合的な観念のきわめて多様な領域に含まれる一連の要素全体から生まれたものであって、これらはたがいに近い関係にあるとは限らない。夢の構成要素は、たがいに矛盾するこれらの要素を、夢の内容の中で文字通りの意味でそれぞれ代表しているのである。

さらに分析によって、夢の内容と夢思想の間の複雑な関係について、別の特徴が明らかにされた。夢の構成要素のすべては複数の夢思想と結びついているが、逆に一つの夢思想は、複数の夢の構成要素によって代表されているのである。すなわち連想の糸は夢思想から夢内容へと単純に収斂していくのではなく、その途中で何重にも交差し、絡み合っているのである。

この濃縮作業は、夢思想を情景に転換する作業（これは「戯曲化」と呼ばれる）とともに、夢の仕事のうちでもっとも重要で独特な特徴となっている。それではどのような動機から、夢内容をこのように濃縮する必要があるのだろうか。これについては当面はまだ謎に包まれているのである。

五

第三の要因

　これからは複雑で錯綜した夢について考察していくつもりであるが、このような夢では夢内容と夢思想の間に矛盾があるという印象を受けるものであり、そのすべてを濃縮と戯曲化だけによって説明することはできない。そこには第三の要因が働いているのであり、そのことを示す証拠を慎重に集めてみる価値がある。

夢の転換プロセス

　分析することによって夢思想にまでたどり着くと、顕在的な夢内容と潜在的な夢内容では、扱っている素材がまったく異なることに気づく。もちろんこうした違いは外観だけのことであり、詳しく検討していけばそのような違いはすぐに消滅する。というのも最終的にはすべての夢内容は、すでに夢思想の中に展開されているのであり、その反対にほとんどすべての夢思想は、夢内容の中に再び代表されているのである。ただし夢内容と夢思想の違いがまったくなくなるわけではない。夢の中ではもっとも重要な内容として詳しくはっきりと示されていたものが、分析してみると夢思想の中ではごくつまらない役割しか果たしていないことがある。その反対に、わたしたちの感情からは夢思想の中でもっとも重視されるべきだと思われたことが、夢内容の中ではその痕跡もみあたらなかったり、夢の曖昧な領域でわずかに暗示されていたりするだけのこともある。

これについては次のように説明できるだろう。すなわち夢の仕事が行われているあいだに、心理的に重点が置かれるはずの思想や観念から、それほど強調されるに値しない思想や観念へと、重点が移行することが多いのである。このプロセスほど、夢の意味を隠してしまい、夢内容と夢思想の結びつきを理解しにくくしてしまうものはないのである。

このプロセスを「夢の転換」と名づけることができるが、このプロセスにおいては夢思想の持つ心理的な強調点や重要性や強い感情を引き起こす力が、感覚的な生々しさに転換される現象も見られる。わたしたちは夢内容のうちでもっとも明瞭なものが、すなわちもっとも重要なものだと思いがちであるが、きわめてわかりにくい夢の要素のうちにこそ、もっとも重要な夢思想に直接に由来するものが表現されていることも多いのである。

転換プロセスと夢のわかりやすさ

この夢の転換と名づけたプロセスは、心理的な価値評価の切り替えとも呼ぶことができるかもしれない。ただしこの現象の持つ意味を十分に評価するには、転換とか価値評価の切り替えという作業が果たしている役割は、個々の夢ごとに大きく違うものであることをつけ加えておかなければならない。

一方では、ほとんど転換が行われないままで生まれる夢がある。このような夢は、たとえば直接の願望充足の夢に見られるように、意味があってすぐに理解できる夢である。他方では、夢思想の構成要素がもともと持っていた独自の心理的な価値を失っているか、夢思想のうちでもっとも重要な部分が、すべて副次的な要素によって置き換えられている夢もある。そしてこれらの二つの種類の夢のあいだに、さまざまな種類の中間的な形態の夢が存在するのである。夢に見られる顕在的な内容が漠然としていて、混沌としたものであればあるほど、その夢を形成する際に転換プロセスが大きな役割を果たしたのだと考えることができる。

わたしたちが分析のために選んだ夢においても、少なくとも夢内容と夢思想のあいだにおいて、中心の移動が行われていることがわかるくらいには、転換作業が行われているのである。わたしの夢内容で前景に登場しているのは、ある女性がわたしに好意を示してくれている情景だった。この夢思想が強調して示しているのは、一度くらいは「まったく費用のかからない」非利己的な愛を享受してみたいという願望であった。この観念は「あなたの美しい目」という慣用的な表現や、「ホウレンソウ」という遠回しの暗示の背後に隠されているのである。

夢内容と覚醒時の印象の関係

わたしたちは分析することで夢の転換作業を逆転させることができ、これによって夢の発生源はどのようなものであるか、そして夢における心的な生活と覚醒時における心的な生活はどのような関係にあるのかという、議論の的になってきた夢の二つの問題について、確実な情報を手に入れることができる。

夢のうちには昼間の体験が直接に現れている夢もあれば、昼間の体験の痕跡もないような夢もある。しかし分析することによって、どのような夢もほぼ例外なく、それ以前の数日のあいだに、あるいはさらに正確に表現するならば、夢を見た夜の前の昼間（これを夢日と呼ぶ）において経験した印象と結びついていることが明らかになるのである。こうした印象が夢の発生源となったのであり、こうした印象のうちには覚醒時においても重視されていておかしくないような強い印象であるものもある。そのような時にはわたしたちは、夢は覚醒時の生活の主な関心事を継続したものであると主張することができる。

ところが夢内容の中には、たしかに昼の間に受けた印象との結びつきが確認できたとしても、その印象は当人にとっても忘れて当然と思えるほど些細で、意味のないものであるために、思い出すのが困難であることも多い。その場合には、夢の内容そのものが筋道の通った理解しやすいものであったとしても、そこで取り扱われている素材はごくつまらないものであって、覚醒時においてわたしたちの関心を引くことはありえないように思えるものである。夢が軽視される原因の多くは、このように夢の内容の中で、ごくつまらないと思われるものが重視されているという現象のうちにある。

夢の心的な過程と覚醒時の心的な過程の関係

ところが分析していくと、夢を軽視するこうした姿勢の根拠となっている見かけが打ち破られることになる。夢の内容が些細な印象をその発生源であるかのように見せかけている場合にも、分析してみると夢を作り出した原因となる重要な体験が必ず浮かび上がってくるのであり、そうした体験は、広範な連想関係によって結びつけられて、どうでも良いような体験に置き換えられているのである。

このように夢の内容はつまらない、意味のない観念素材を扱っているように思えたとしても、分析することによってその無価値なものが、夢を見た当人の心理においてはもっとも高い価値を与えられているものと、多くの道筋で結びついていることが明らかになるのである。強い興奮を誘うのが当然と思える印象の代わりに、ごくつまらない印象が夢内容として与えられている場合、そして誰から見ても当然興味深いような素材の代わりに、つまらない素材が取り上げられている場合には、そこにはつねに転換作業が働いているのである。

夢分析によって、顕在的な夢内容を潜在的な夢内容に置き換えることができるようになったのであるが、この新しい知識に基づいて、夢の発生源はどのようなものか、夢の心的な活動と覚醒時の心的な活動はどのように関連しているかという問いに、次のように答えることができるだろう。すなわち夢は、昼間でもわたしたちの関心をひくようなことしか扱わないのである。昼間はわたしたちの関心をひかないような些細な事柄は、夢の中にまでわたしたちを追いかけてくるような力をそなえていないのである。

食堂の夢の分析

わたしが分析の実例として選んだ夢の発生源はどのようなものであっただろうか。それは友人のおかげで無償で馬車に乗ることができたというごくつまらない体験だった。夢で見たホテルの食堂の情景は、夢のきっかけとなったこのつまらない体験についてのほのめかしを含んでいる。わたしは友人との会話の中で、メーターつきの馬車をホテルの食堂になぞらえていたからである。

しかしこのような些細な体験を代理としているもっと重要な体験について指摘することができる。すなわちわたしは夢を見た数日前に、大切な親戚の人のためにかなりの金額を支出しているのである。これを考慮に入れて夢思想を表現してみれば、その大切な人がわたしに感謝の気持ちを抱くのは当然だろう、わたしの愛情は「無償ではない」のだから、ということになるだろう。そこで夢思想の中では無償の愛情ということが前景に出てきたのである。かなり最近のことだが、わたしはその親戚の人と何回か馬車に同乗した。それもあって、夢を見る前の日にわたしが友人と馬車に乗ったという体験をきっかけとして、その親戚の人との関係が想起されたのである。

このような結びつきによって夢の発生源となる瑣末な印象は、夢の本当の源泉には当てはまらない別の条件を満たしていなければならない。すなわちその印象は、夢日に経験した生々しいものでなければならないのである。

濃縮と転換プロセスの協力

夢の転換というテーマについての考察を打ち切る前に、夢の形成に関与する別の重要なプロセスについて指摘しておきたい。それは濃縮と転換が力を合わせて効果を高めるという現象である。濃縮作業について検討した際に、何らかの共通点や接点のある夢思想の二つの観念が、夢の内容の中で一つの混合観念によって置き換えられる場合があることを指摘しておいた。この混合観念においては二つの観念の共通点はかなり明瞭な一つの核を持っているのであり、さらに二つの観念のそれぞれの特殊事情に応じてそれを補足する、不明瞭な規定要素を持っているのである。

こうした濃縮作業に転換作業が加わった場合には、たんなる混合観念が生まれるのではなく、二つの観念を平均したような共通要素が生みだされるものである。個々の観念要素が力の平行四辺形の二つの辺を構成しているとすれば、作り出された共通要素は、この二つの辺の合成された力の矢印のようなものである。

たとえばわたしが見た夢の一つに、［薬品の］プロピュレンの注射が登場する夢があった(11)。この夢を分析することによって、夢の発生源となる体験を突き止めることができたが、つまらない体験では［化学物質の］アミュレンが登場していた。夢の中で、アミュレンがプロピュレンに変わった理由はまだわからない。それでもこの夢思想のグループの中には、初めてミュンヘンを訪問した際に、［建造物の］プロピュレーエン(12)によって強い感銘を受けた記憶が入っていた。さらに詳しく分析することによって、アミュレンがプロピュレンに転換されたのは、この第二の［ミュンヘン訪問の記憶による］観念グループが、最初の観念グループに影響したためだと考えざるをえなくなった。プロピュレンはいわばアミュレンとプロピュレーエンを結ぶ中間的な観念であって、これが妥協の法則に従って、濃縮と転換を同時に行うことにより、夢内容として採用されたのである。

濃縮作業と比較すると転換作業においては、夢の仕事がどのような動機から、このような謎めいた努力をしたのかを解明することがますます重要になってくる。

六

夢思想の粉飾作業

夢内容の中に夢思想が見つからない場合、あるいは夢思想を見分けることができない場合には、なぜそのような歪曲が行われるかという動機については明らかにならないとしても、それは主として転換作業のためであると考えることができる。ところで夢思想に対して行われるもっと別の穏やかな変形作業がある。これが夢の仕事のもっと分かりやすい新たな側面を示してくれるのである。

それは夢思想の粉飾作業である。夢の分析を通じて展開される夢思想は、往々にして異常なまでに粉飾が行われることで目立つことが多い。こうした夢思想はわたしたちの思考がもっとも頻繁に用いる日常的な言語形式によって表現されるのではなく、華麗な詩人の言葉遣いのように、比喩や隠喩を使って象徴的な形で表現されているように思えるのである。

ただし夢思想の表現においてこうした制約が存在したとしても、その動機を見つけるのはそれほど困難なことではない。夢の内容は多くの場合、いくつかのわかりやすい情景で構成されている。そこでこのような描写によって夢思想を表現するためには、何らかの準備作業が行われる必要がある。たとえば政治問題を取り上げる新聞の社説や法廷での弁論のための文章を、一連の挿絵によって代用しなければならないと考えてみていただきたい。そうすれば夢内容を表現するために、夢の仕事において夢思想に加えざるをえないさまざまな変更点についても、すぐに理解していただけるはずである。

幼年期の記憶の情景

夢思想を構成する心理的な素材のうちには、夢を見る人が深い印象を受けた体験の記憶が含まれていることが多いのであり、しかもその多くは幼児の頃の体験の記憶である。これらの記憶は多くの場合、視覚的な内容を伴う情景として保存されている。そして夢思想のこの部分はいわば結晶の核のような役割を果たすのであり、夢思想の素材に求心力と遠心力を及ぼしながら、あらゆる機会を利用して、夢内容の形成に決定的な影響を及ぼすことになる。

夢の中で描かれる情景は、夢を見る人に強い印象を残したこの種の体験が修正されて、しかもさまざまな挿入物によって複雑にされたものとして、繰り返し登場することが多い。これとは対照的に実際に起きた場面が、何もつけ加えられずにそのまま夢の中で再現されることはごく稀なのである。

夢の仕事で使われる表現手段

しかし夢内容はこのような情景だけで成立しているわけではなく、そこには断片的な視覚像や、会話の断片、さらに変更を加えられる前の夢思想の断片なども含まれている。そこで夢の仕事が、夢という独特な表現方法で夢思想を再現する際に使うことのできる表現手段を概観しておくことも、有益なことであろう。

わたしたちが分析によって知ることのできた夢思想というものは、きわめて複雑な構成を備えた心理的な複合体となっている。この複合体のさまざまな部分はたがいにきわめて多様な論理的な関係で結ばれた上で、前景、背景、条件、逸脱、説明、証明手続き、さらに反論などを構成しているのである。一つの観念の系列があるとすれば、必ずといってよいほどに、そのすぐ隣には正反対の観念の系列が並んでいるものである。

このような夢素材には、わたしたちが目覚めているあいだに行っている思考にそなわるすべての性格が存在している。ところがこれらのすべての素材から一つの夢が作り上げられる時には、これらの心理的な素材を十分に濃縮するような圧力が加えられる。こうした圧力が素材に内的な分解と転換を加え、それらが夢の内容に新たな表層を作り出すのであり、さらにその素材に、状況を作り出すために一番役立つ部分を選び出すという作用が加えられるのである。

このプロセスは、こうした素材の「幼年期のものであるという」素性を考えるならば、「退行」と呼ぶのがふさわしいだろう。ところがこのような心理的な素材が夢内容に変化する際に、こうした素材をそれまで結びつけていた論理的な絆が消滅してしまうのである。夢の仕事はいわば、夢思想の具体的な内容だけを取り出して、これに加工を加える。そのため夢の仕事によって破壊された［論理的な］結びつきを修復するためには、分析を加える必要があるのである。

夢の表現手段の貧しさ

こうしてみると、わたしたちの思考の言語が持っている表現手段と比較して、夢の表現手段は貧しいものであると言わざるをえない。ただし夢においては、夢の思想の間の論理的な関係を再現することを完全に放棄する必要があるわけではない。こうした論理的な関係の代わりに、夢に独特の構造によって示される形式的な特徴を利用することができることも多いのである。

論理的な関係の表現方法

夢思想のそれぞれの部分の間に明確な形で存在する関係を表現するために夢が利用する第一の手段は、これらの素材を一つの情景に統合することである。夢においては論理的な関係は、時間的な近さや空間的な近さで表現される。いわば絵画において画家が、実際にはどんな山の頂でも一堂に会することなどありえなかったはずの詩人たちを、すべてひとまとめにしてパルナッソスの山の絵の中に描くのと同じような方法を使うのである。

夢はこの描写方法を細部にまで駆使するので、夢内容において二つの要素がごく近くに並んで登場する場合には、夢思想においてそれに対応する二つの事柄には密接な関係があることを示していると考えることができる。ついでながら、同じ夜に見た複数の夢は、どれも同一の夢思想の圏域から生まれたものであることが、分析によって明らかになるのである。

因果関係の表現方法

二つの夢思想の間の因果関係は、夢の中ではまったく表現されないか、あるいは長さの異なる夢の二つの部分の前後関係として表現される。夢の最初の部分が結論を示していて、夢の最後の部分が前提を示しているというように、因果関係が逆転して示されることも多い。あるいは夢の中であるものが別のものに変化したとすれば、それは原因と結果の関係を表現したものと考えることができる。

二者択一の表現方法

夢の中では「あれかこれか、そのどちらか」という二者択一の選択が表現されることはなく、その両方がどちらも同じ権利を持っているかのように、同じ関連のうちに組み込まれて表現される。夢によって再現された二つの要素が「あれかこれか」という関係にある場合には、それは「そのどちらも」と翻訳すべきであることについては、すでに述べたとおりである。

対立関係の表現方法

夢においては、対立関係にある観念は同じ要素によって表現されることが多い。[*1] 夢においては「〜ない」という否定の形式は存在しないようである。二つの観念が対立するものである場合、すなわち逆の観念は、夢においてはきわめて注目に値する形で表現される。すなわち夢内容の一つの部分が、後から手を加えたかのように、その反対物に変えられるのである。

夢において対立関係を表現する別の方法があるが、これについてはいずれ述べることにしよう。夢の中で身体の自由がきかないという感じを受けることがあるが、これは二つの衝動が対立していること、すなわち意志が葛藤を感じていることを表現する方法の一つである。

夢における類似、共通、一致の表現

夢を形成するメカニズムにおいてうまく利用することのできる論理的な関係は、類似、共通、一致といった関係だけである。夢の仕事ではこれらの関係を夢内容を濃縮するための手掛かりとして使用して、このような一致を示しているすべてのものを新たな単位のうちに統合するのである。

荒唐無稽な夢

夢においては夢思想の間の論理的な関係を表現するために、非常に多数の形式的な手段が駆使されるので、その全体を正当に評価するには、これまで述べてきたような概略的な説明では不十分である。

ただし個々の夢の具体的な作り方には、精密なものも粗雑なものもあるし、夢が特定の素材を扱う際に、慎重に処理する場合もそうでない場合もある。また夢の仕事で豊富な補助手段を利用することも、あまり補助手段を利用しないこともある。補助手段をあまり利用しない場合には、夢は曖昧で混沌としたものとなって、支離滅裂に見えるものである。

ところで誰から見ても荒唐無稽な夢であって、その内容が明らかに矛盾しているように思える場合には、それは意図的にそのようにされているのである。夢はあらゆる論理的な要求を無視するかのようにふるまうことで、夢思想に含まれている知的な内容の一部を表現しているのである。すなわち荒唐無稽な夢は、夢思想に含まれる矛盾や、軽蔑や嘲笑の気持ちを表現するものである。

これこそは、夢が分裂して批判力を失った精神活動の現れであると主張する人々に対するもっとも有力な反論となるものであり、ここでわたしの夢の実例をあげて補強しておくことにしよう。

「わたしの知人の一人であるM氏が、かのゲーテによってある論文で激しく攻撃された。しかもわたしたち一同の見解では、その激しい攻撃はまったく不当なものであった。

もちろんM氏はこの攻撃によってひどく気を落としていた。そしてある会食の席で、それについて不平をこぼした。しかしM氏はこの個人的な経験にもかかわらず、ゲーテに対して篤い尊敬の念を抱いていた。わたしはそのことに不審を感じたので、時間関係を調べてみた。ゲーテが亡くなったのは一八三二年のことである。ゲーテがM氏を攻撃したのは当然それより前のことでなければならない。するとM氏はその頃にはごく若かったはずである。わたしはM氏が一八歳くらいではなかったかと考えた。しかしわたしは今年が何年であるかはっきりと分からなかったので、計算はどれも曖昧なものになった。ところでゲーテがM氏を攻撃したのは、彼の有名な論文『自然』においてである」

これがわたしの夢の内容であるが、M氏が若いビジネスマンであって、詩や文学にはまったく関心のない人物であるとつけ加えれば、この夢の荒唐無稽さはますます明らかなものになってくるだろう。

しかし分析を進めていけば、この荒唐無稽さの背後にどれほど多くの「方法」が活用されているかを明確に説明できるはずである。この夢の素材は次の三つの源泉から取られたものである。

M氏との対話

㈠　ある会食の席で知り合ったM氏はある日のことわたしに、精神錯乱の兆候を示している兄を診断してほしいと頼んできた。わたしはその兄と話をしてみたが、病人が話題を急に、自分の弟の若気の過ちについての話題に向けようとしたので、わたしは困惑した。わたしは病人に、彼が生まれた年を尋ねたが（夢の中ではこれは亡くなった年として表現されている）、それは彼にいくつかの計算をさせて、患者の記憶力が衰えているかどうかを確認するためだった。

執筆者をがっかりさせるような書評

㈡　わたしの名前も表紙に麗々しく記載されているある医学雑誌において、ベルリンに住んでいるわたしの友人のF氏[13]の著書について、ごく若い批評家が著者を「ひどくけなす」ような書評を掲載したのである。そこでわたしはその雑誌の編集者に詰問したのであるが、編集者はその書評が遺憾であることは認めたものの、著者を救済するための措置は約束しなかった。そこでわたしはその雑誌との関係を断絶することにしたのであるが、その絶縁状の中では、これによってわたしたちの個人的な関係が損ねられないことを望むと強調したのだった。これがそもそもの夢の最大の源泉である。友人の著作が酷評されたためにわたしはショックを受けていた。わたしの考えではこの友人の著作には、生物学の根底に関わるような発見が書かれていたのであり、この発見は何年も経って専門家もようやく認めるようになったのである。

ゲーテの論文

㈢　つい最近のこと、ある女性の患者がわたしに話してくれたところによると、その患者の兄弟が「自然、自然」と叫びながら躁状態になったのだという。医者たちの意見によるとこの叫びはゲーテの例の有名な論文を読んだことに刺激されたものであり、患者が勉強しすぎて過労になっている証拠であるとされていた。これに対してわたしは「自然」という叫び声には、オーストリアであれば教養のない人でも知っている性的な意味で理解する方が、妥当だと思われると、述べておいたのである。この不幸な人物が後に自分の性器を自分で傷つけたところを見ると、わたしの見解は間違いではなかったようである。一八歳というのは、この患者が発作を起こした年齢である。

この夢の分析

この夢の夢内容のうちで、わたしの背後に隠れているのはまず、著書を酷評されたわたしの友人である。夢の中でわたしは「時間関係を明らかにしようと試みた」と語っているのであるが、実は友人のその著作のテーマは、生命の時間的な関係であった。そしてその実例の一つとしてゲーテの寿命を、生物学的に重要な特定の日数の倍数として計算していたのである。

ところでこの夢の中でわたしは頭がぼけた人間のように描かれている(「わたしは今年が何年であるかはっきりと分からなかった」)。つまりこの夢が示しているのは、友人の行動が頭のぼけた人間の行動のようなものであると語っているわけであり、そのようにして荒唐無稽な夢になっているのである。この夢思想が語ろうとしているのは「もちろんあの男は頭がおかしくなっている愚か者なのだ。君たちは、物事のよく分かった傑物なのだろうさ。しかし時にはその反対であることもあるのではないか」という皮肉なものである。そしてこの反対であることは夢の内容にも、たくさん取り入れられている。ごく若い人が偉大なゲーテを攻撃することは現在でもありうることであるが、ゲーテのような人物がわたしの友人のように若い人を攻撃するのは荒唐無稽なことだからである。

夢の利己性

わたしは、あらゆる夢は利己的な動機から生まれるものであると確信している。実際にこの夢においてもわたしは、友人を弁護しているだけではなく、わたし自身も弁護しているのである。わたしが友人のためにこれほど弁護に努めているのは、友人の発見したことのたどった運命が、わたしが発見したことのたどる運命の予兆となっていると思えたからである。わたしはノイローゼの主要な病因が性的な事柄にあると考えているが（一八歳の患者が「自然、自然」と叫んでいた連想に留意されたい）、わたしがこの理論を唱えて登場すれば、友人と同じように批判されるのではないかと予想して、いつも嘲笑的な態度でこれに対処しているのである。

この夢における軽蔑と嘲笑の表現

この夢の夢思想をさらに掘り下げてみても、この夢に含まれている荒唐無稽な事柄、に対応するものとしては、軽蔑と嘲笑しかみいだすことができない。周知のように ゲーテがいわゆる頭蓋椎骨の理論を思いついたのは、ヴェネツィアのリド島で羊の頭蓋骨の断片を見つけたのがきっかけとなっている。

わたしのある友人は学生時代に、ある年老いた教授を排斥する運動の中心人物であったことを自慢していた。この教授はかつては比較解剖学の分野で輝かしい業績を挙げていたのであるが、今では老人性の痴呆のために学生たちを指導できなくなっていたのである。

そこでこの友人が中心となって行った排斥活動によって、ドイツの大学では教授資格に定年制が設けられていないという弊害が是正されたのである。すなわち彼らは「老人は馬鹿げたことをしない」などということは保証されないことを主張したのである。

わたしがその頃に勤めていた当地の病院で、長年にわたってわたしの上司だった人物は、はるか昔に化石のようになってしまって、十年ほど前からは誰から見ても痴呆状態であったにもかかわらず、院長としての責任のある職務を遂行することを許されていた。

ここまで思い出した時にゲーテがリド島で発見した羊の頭蓋骨にまつわるある特徴描写が心に浮かんできた。かつてその病院でわたしの若い同僚たちは、この老齢の院長をあてこするために、当時流行だった歌の替え歌として「そいつをゲーテが書いたわけではなし、シラーが作ったわけでもなし」と歌っていたのである。

七

第四の夢の仕事

夢の仕事の範囲についてはまだ多くのことを検討すべきであり、すでに述べてきた心理的な素材の濃縮、転換、具体的な準備作業の他にもう一つ別の活動をつけ加えなければならない。ただしこの第四の活動は、すべての夢形成に関わるものではない。ここでは夢の仕事のこの活動について詳しく述べることは控えておこう。この活動のイメージを手っ取り早く把握するためには、夢の仕事のこの部分においては、すでに作り上げられている夢の内容に、後から働きかけることを想定するとよいと、指摘するのにとどめておこう（ただしこれは正しくないかもしれない）。

このように考えるならば夢の仕事のこの部分は、夢のさまざまな構成要素をまとめあげて、おおまかに関連性のある一つの夢を作り上げることを目指すものである。夢はこれによっていわば外向きの顔を持つようになる。ただしこの顔によって隠すことのできない夢内容も残るのである。

このようにして夢に対して最初のさしあたりの解釈が行われることになるのであり、この解釈にあたってはさまざまな挿入物が利用され、それによってちょっとした変更が加えられる。夢内容をこのように加工することができるためには、些末な部分には目をつぶる必要があり、そのために夢思想に対する大きな誤解が生まれることになる。このためわたしたちが夢の分析を始める際には、まずこのような解釈と縁を切ることが必要なのである。

知覚内容の改竄

夢の仕事のこの働きの動機はとくに分かりやすい。夢を加工するこの最後の仕上げが必要になったのは、分かりやすさに配慮したためである。そのためにこの働きがどこから生まれたかもすぐに理解できる。この活動が目の前に置かれた夢内容に対してとる態度は、わたしたちの正常な心理活動が、目の前に置かれた任意の知覚内容一般に対してとる態度と同じなのである。

すなわちこの働きでは、ある種の予測に基づいた観念によって夢内容を捉え、そうした夢内容は理解できるものであるという前提のもとでこれを知覚しながら整理し、夢内容が既知のいかなる内容ともそぐわないものである場合には、それを改竄する危険を恐れず、時には奇妙な誤解に陥ることもあるのである。よく知られているようにわたしたちは見知らぬ記号の集まりを見たり、知らない単語の連なりを耳にしたりすると、分かりやすさへの配慮という原則に従って、わたしたちがすでに知っていることを基準にして、その知覚を改竄して解釈してしまうのである。

「混沌とした夢」の価値

夢の仕事のこの活動は、わたしたちが目覚めている時の思考が行う加工とよく似た心理的な活動であって、このように加工された夢は、「巧みに構成された夢」と呼ぶことができよう。その他の夢においてはこの心理的な活動は働くことができず、整理したり解釈したりする試みさえ放棄してしまうのである。

目が覚めた後でわたしたちは、夢の仕事のこの第四の働きこそが本来のわたしたち自身であると感じて、「解釈されなかった」その夢は「まったく混沌としている」と判断するのである。ところが夢の分析の方法にとっては、たがいにいかなる関連もない断片を無秩序に集めただけのように見えるこの種の夢も、表《おもて》の顔を綺麗に磨き上げた夢と同じように、大きな価値をそなえている。むしろそのような夢こそ、解釈に先立って夢内容の加工作業を取り除く手間を省いてくれるものなのである。

夢の「表の顔」の価値

しかしこのように磨き上げられた夢の表の顔というものは、わたしたちの心理生活の意識の審級が夢内容に対して行った加工の結果として生まれたものであって、こうした加工はかなり誤解を招くような恣意的なものであると考えるならば、それは誤りであろう。夢にこのような表の顔が作り上げられるのは、夢思想の中にすでに存在していたわたしたちの願望による空想の働きによるものであることが多いのであり、しかもそうした願望による空想は、わたしたちが覚醒している時の生活における経験によってすでに熟知しているものであることも多いのである。これは「白日夢」という巧みな言葉で表現されたものと同じ種類のものなのである。

そして夢を分析すると、夜の夢の中で発見される願望による空想というものは、幼い頃に見たことのある情景を繰り返し、作り変えたものであることが明らかになることが多い。このように夢の表の顔は、他の素材と混ぜ合わされて歪曲された夢の本来の核心を、わたしたちに直接教えてくれるのである。

夢内容の独創性の欠如

夢の仕事が遂行する作業としては、これまで述べてきた四種類の作業のほかには見当たらない。「夢の仕事」とは、夢思想を夢内容に移し替える作業であるという規定が正しいとすれば、わたしたちとしては次のように考えるしかないのである。

すなわち夢の仕事には独創性というものが欠けている。夢の仕事は独自の空想を作り出すことはないし、判断することも結論を下すこともしない。夢の仕事はただ素材を濃縮し、転換し、分かりやすく作り変えることであって、時に加工や解釈という仕事をすることがあっても、ほかにはどのような働きもしていないと考えざるをえないのである。

夢内容の中には、もっと高級な知性の働きであると解釈できるような部分があるのは確かであるが、分析してみれば、このような知的な作業はすでに夢思想の段階で行われたものであり、夢内容はたんにそれを引き継いだだけであることが完全に明らかになる。

たとえば夢の中で推論が行われているとしても、そうした推論は夢思想の中で行われた推論を繰り返したものにすぎない。その推論が修正されずにそのまま夢の中に移し替えられた場合には、それは異論の余地のない正しい推論であると感じられる。ところが夢の仕事によってその推論に手が加えられて、何か別の素材に転換されているならば、必ず荒唐無稽なものと思われるのである。

あるいは夢内容のうちに計算が現れたとすると、それは夢思想のうちですでに計算が行われていたことを示している。夢思想の中の計算は必ず正しく行われるが、夢の中の計算は、そこに含まれる要素が濃縮され、夢の仕事の働きによって別の素材に転換されるために、とんでもない答えが出されることがある。

夢の内容の中で会話が行われたとしても、それは新たに作り出された会話ではない。

自分で行ったか、耳にしたか、読んだことのある会話が夢思想の中で再生されたものを、夢の中で集めただけのものである。語られる言葉は、もとの夢思想の会話の言葉をそのまま転用したものであるが、その会話を始めるにいたったきっかけはまったく無視されることが多く、その意味は著しく歪められることが多い。

この最後の特徴について、いくつかの実例で確認することは有益であろう。

買い物の夢

(一)　ある女性患者の特に問題のなさそうな、よく構成された夢の実例。

「彼女は、買い物かごを手にした料理人の女中と一緒に、市場に出かけた。彼女が何かあるものを欲しいと肉屋に言うと、それはもう、ありません、と断られる。そしてこれもおすすめですよと言って、何か別のものを売ろうとする。彼女はそれを断り、野菜を売っている女の所に行く。その女は束にした黒い色の奇妙な野菜を売ろうとする。彼女がそんなの見たこともありません、いりませんと言う」

この夢の中の「それはもうありません」という言葉は、わたしが治療の中で使った言葉である。数日前にわたしは自身がこの患者にまったく同じ言葉を使って、「ごく古い幼児期の記憶はそのままではもうありません。転移と夢によって代用されているのです」と言ったのである。そうしてみると、夢の中に登場する肉屋はわたしだということになる。

第二の「そんなの見たこともありません」という言葉は、まったく別の状況に結びついたものである。夢を見る前日にこの女性が、夢の中に登場する料理人の女中に対して、もっと行儀良くしてください、そんなの見たこともありません、と咎めたのである。つまりそのような態度は認めません、そのようなことは困りますと声を上げていたのである。この言葉のうちで差し支えのないように思えた後半の部分が転換されて夢内容に登場したのであるが、夢思想において何らかの役割を果たしていたのは、その前半部分である。この夢において示されたこの女性の空想による願望は、わたしにある意味で、彼女に行儀悪く振る舞ってほしいというものだったのであり、夢の中では夢の仕事によってこうした願望がまったく認識されず、差し障りのないものに変えられて表現されているのである。そしてこの女性が空想のうちで思い描いた情景は、彼女が以前に実際に経験していた情景を移し替えたものである。

計算違いの夢

(二) 数字が登場する、まったく無意味に思われる夢の実例。

「ある女性が何かの支払いをしようとしている。ところが彼女の娘は財布から三フロリン六五クロイツァーを取り出した。そこで彼女は娘に、何するのよ、お値段は二一クロイツァーなのよ、と言った」

この夢を見た女性は外国人で、娘をウィーンの学校に入学させていた。娘がウィーンに滞在している間は、ずっとわたしの治療を受けることができることになっていた。この夢を見た前日に、その学校の女性の校長が彼女に、もう一年だけ、娘を学校に預けてはどうかと強く勧めていた。そうすれば彼女はもう一年はわたしの所での治療をつづけられるはずだった。夢の中の数字が意味することを理解するには、時は金なり《タイム・イズ・マネー》という諺を思い出せばよいのである。一年は三六五日であり、三六五クロイツァーは、三フロリン六五クロイツァーになる。二一クロイツァーは二一日、すなわち三週間を意味するが、これは夢を見た日から学期末までの日数だが、治療を終えるには足りない日数である。この女性は結局は校長の申し出を断ったのであるが、その理由も、夢の中で値段が小さな額に減らされていることも、あきらかに金銭上の理由によるものである。

夢の中の数字

㈢まだ若いが、結婚してから数年ほど経っているある女性が、自分と同じ歳の友人のエリーゼ・L嬢が婚約したという知らせを聞いて、次のような夢を見た。

「彼女は夫と一緒に劇場にいた。一階席の一列がガラ空きになっていた。夫は彼女に、エリーゼ・Lと婚約者も来るつもりだったのだが、三枚で一フロリン五〇クロイツァーという悪い席しかなく、結局はそれも買わなかったと告げたのだった。それについて彼女は、そんなことは別に運の悪いことではないと考えた」

この夢で興味を引くのは、夢の中の数字がどのような夢思想において使われていたのか、それがどのように修正されたのかということである。一フロリン五〇クロイツァーという数字の由来は、夢日の取るに足らない出来事であった。この女性の義理の妹が、彼女の夫から一五〇フロリンの小遣いをもらって、そのお金で急いで装身具を買ってしまったのである。一五〇フロリンという値段は、一フロリン五〇クロイツァーの一〇〇倍であることに注目しよう。

また劇場の座席のチケットの三枚という数字については、婚約したエリーゼ・L嬢は、彼女よりもちょうど三か月だけ歳が若いということしか明らかにならなかった。夢の中の情景は、ある事件を再現したものであり、彼女の夫はこの事件を彼女をからかうために何度も使っていたのである。というのも彼女は以前にひどく急いである劇場で開かれる公演のチケットを前売りで買ったことがあった。ところが劇場に行ってみると、一階正面席の片側がほとんどがら空きだったのである。つまり彼女はそれほど急ぐ必要はなかったのである。さらに二人の人が座るのに、三枚の座席のチケットを買わされるという荒唐無稽さにも注意する必要がある。

この夢思想は次のようなものだった。「あんなに早く結婚してしまうなんて、愚かしいことだった。わたしはあれほど急ぐ必要はなかったのだ。エリーゼ・Lさんの例からも明らかなように、わたしももう少し待っていれば、やがて夫が、それも今よりも一〇〇倍も上等な夫や恋人ができたはずだった。わたしは持参金でこんな夫は三人くらいは買えたはずなのに」

八 夢、心の病、日常の錯誤行為

これまでの説明で、夢の仕事というものがどのようなものであるかは明らかになったはずである。わたしたちはそこで夢の仕事というものはきわめて特殊な心理的な過程であり、こうしたものは知られるかぎりではほかにはないと考えたくなる。これまでは夢の仕事の結果として生まれた夢の内容が、わたしたちにとって意外なものだと思われていたが、意外なのは夢の仕事のほうなのだと考えたくなるのである。

ところが実際には夢の仕事というものは、ヒステリーの症状や不安観念や強迫観念、さらに妄想の原因となる多数の心理的な過程のうちでも、最初に発見されたものなのである。夢の仕事で行われる濃縮作業や、とくに転換作業は、夢の仕事ではないその他の心理的な過程においても必ず見出される特色なのである。ただし具象的なものに移し替える作業だけは、夢の仕事に特有な特徴であろう。

このようにして夢は、心理的な病の結果として起こるこれらの心的な過程と同じようなものであるとみなすことができるのであり、夢やこれらの心理的な過程が生まれる基本的な条件を探ることは、ますます重要になるだろう。そしてもしこのような不可欠な条件のうちには、睡眠状態であることも、心の病を患っていることも含まれないと聞かされるならば、ひどく奇異なことと思われるかもしれない。しかし実際には度忘れとか言い間違いとか理解し損ねなど、健康な人の日常生活に見られる多くの現象や、ある種の錯誤行為も、夢の系列に属するその他の心理現象と同じような心的なメカニズムによって発生したものなのである。

夢思想の偽装

問題の核心となるのは、夢の仕事に含まれる四種類の活動のうちで、とくに注目に値する転換という働きである。そして夢分析を進めていくと、この転換作業の基本的な条件が純粋に心理学的なものであることが明らかになる。これはある種の動機づけなのである。

この動機を探り出すためには、夢を分析する際に経験するさまざまな出来事を軽視しないことが大切である。夢の実例をあげて分析した際に、わたしは途中で夢思想を解明することをやめざるをえなかったのであるが（本書二七ページ参照）、その理由はすでに告白したように、他人に明かしたくないようなことや、明かしてしまうとプライバシーの重要な侵害になることが含まれていたからである。

わたしはその際に、もっと別の夢の実例を選んで公に分析をしようと試みても無駄であると指摘しておいた。曖昧で混沌とした内容の夢は、そのどれにも他人には秘密にしておかなければならないような夢思想が含まれていることも、その際に指摘しておいた。

ところが、わたしの夢のような個人的な体験を、ことさらに知らせるべき理由はないのだから、他人のことなどを考慮せず、公開することなど考えずに自分の夢分析をつづけてみた。するとそのようなものが自分のうちにあるとはまったく予想もしなかったような夢思想に出会ったのである。こうした夢思想はたんに異様なものであるだけではなく不愉快なものであって、わたし自身としては断固としてそれを否定してしまいたかったのであるが、分析において一貫して確認される観念の流れから判断すれば、そのような夢思想の存在を認めざるをえなかったのである。

わたしの立場からしてこの状況を一般的に正しく評価するためには、このような夢思想は、たしかにわたしの心の生のうちに潜んでいるものであって、ある種の心理的な切実さやエネルギーをそなえたものではあるが、特殊な心理的な状況のもとにあるものであって、わたしには意識されなかったのだと想定せざるをえなかったのである。わたしはこのような特殊な状況を抑圧状態と呼ぶことにしよう。

そのように考えると夢内容の曖昧さと、いくつかの夢思想が抑圧されて、意識化することができない状態になっていることの間には、ある因果関係が存在すると考えざるをえなくなる。夢が曖昧なものになるのは、わたしが意識することを望まない夢思想が、夢によって暴露されたからだと思わざるをえないのである。このようにしてわたしは夢の歪曲という概念にたどり着いたのであった。これは夢の仕事の働きであって、意図的に隠蔽しようとする偽装を目的とするものである。

無意識の思想と夢

分析するための実例としてすでにあげた「ホテルの食堂の」夢を取り上げて、「これらの夢の中に歪曲された夢思想はどのようなものであろうか、そうした夢思想は歪曲されない形では、わたしからは強い抗議を引き起こしたものであったに違いない」と自分に問いかけてみることにしよう。

するとわたしは自分の心の中で、ただで馬車に乗せてもらったことがきっかけとなって、わたしがつい最近のこと、親戚の一人と何度か自分の費用負担で馬車に同乗したことを思い出した。そしてこの夢の解釈として、自分はいつか無償の愛なるものに出会いたいと思っていることが明らかになったのであり、この夢を見る少し前に、この親戚の人のためにかなりの額の支出を迫られたことなどを思い出したのである。

このような一連の連想から判断して、わたしはこのような支出を行わざるをえなかったことを残念に思っていると考えざるをえない。自分が心のうちでこのように考えているとみなさなければ、わたしが夢の中でいかなる支出も必要としない愛を望んでいることの意味を理解できないからである。

しかしわたしは、自分の良心にいささかも恥じることなく、その費用を負担するにあたって一瞬も躊躇しなかったと断言することができる。すなわちその負担を残念に思うという心の動きは、意識された心理とは正反対のものであって、そのためにわたしの意識のうちにのぼってこなかったのである。その理由についてはわたしのうちに答えが用意されているものの、ここでの議論の枠組みをはるかに超えるものであり、ここで検討しているテーマとは別の問題にかかわるものである。

抑圧された夢思想の承認

わたしが自分の夢ではなく、他人の夢を分析したとしても同じ結果になるだろう。ただし夢を見た当人が、そうした分析の結果について納得する動機は、わたしの場合とは違ったものになるだろう。その夢が健康な人の見た夢であれば、分析によってその夢のうちで抑圧されていた観念を、無理にでも当人に認めてもらうためには、そうした夢思想の一貫性を指摘するしかないのである。それでもその当人が、そうした観念を否認することは、十分に考えられることである。

ところがヒステリーのような神経症の患者の見た夢であれば、自分が抑圧した観念が本人の症状と関連しているという事実から判断しても、そのように抑圧されていた観念と症状を交換することによって病の症状が改善するという事実から判断しても、本人がそのような関連の存在を否定することはできなくなるのである。

たとえば三人分の座席のチケットが一フロリン五〇クロイツァーだったという最後の夢を見た女性患者について分析したところ、この女性が自分の夫を軽蔑していて、この男性と結婚したことを後悔していること、できれば別の男性と取り替えたいと思っていることを推定せざるをえなくなった。もちろんこの女性は夫を愛していると言い張ったのであり、一〇〇倍も上等な夫を手に入れられるはずだというような自分の夫を軽蔑する気持ちなど、心のうちに入り込む余地もないと主張したのだった。しかし彼女が示したあらゆる症候の解釈はこの夢の解釈と一致するものであった。そして本人にもまた、ある時期に自分の夫を愛していないことを意識していた記憶が蘇ると(彼女はこの記憶を抑圧していたのである)、彼女の症状が解消し、夢についてのこの解釈に対する抵抗もなくなったのである。

九

夢による未来の予告

このようにして抑圧という概念が確立されることによって、夢が歪曲されるのは抑圧された心理的な素材と結びついているからであることが明らかになった。このようにしてわたしたちは夢分析によって獲得された主要な成果について、ごく一般的な形で述べることができるようになった。

わかりやすく意味のある夢は、願望の充足をそのままに表現したものであって、こうした夢の中に登場する情景は、夢を見た本人も意識的に認めている願望を、すでに満たされたものとして描いたものであることが確認された。このような願望は夢を見た本人にとっても重要な意味を持つものであって、そうした願望が昼間の生活から夜の夢の中へと入り込んできたのである。

さらに分析することによって、曖昧で混沌とした夢についても同じようなことが指摘できることが明らかになった。このような夢においても、夢見られた情景は、夢思想から生まれてくる願望をすでに満たされたものとして描いているのである。ただしその描き方は遠慮深いもので、分析によって夢思想と結びつけるのでなければ、解明できないようなものであった。その願望はそれ自体が抑圧された願望であって、意識のうちにのぼってくることができないものであったか、あるいはその願望が抑圧された願望と少なくとも密接な関係にあり、そうした夢思想によって支えられていたものであったかのいずれかなのである。すなわちこの種の夢は、抑圧されていた願望がひそかに充足されたものなのである。

ここで興味深いのは、夢には未来を予告する力があると考えている俗説にも、それなりの根拠があるということである。ただしそうした夢がわたしたちに示してくれる未来は、いつか実際にわたしたちに訪れる未来ではなく、わたしたちがいつか訪れてほしいと願っている未来にすぎない。これについても民衆の心は、自分が望んでいるものは何でもみんな信じてしまうという、いつものやり方を踏襲しているのである。

抑圧という観点から見た夢の分類

このような願望の充足に対してどのような姿勢を示すかによって、夢は三つのグループに分類できる。第一のグループは、抑圧されていない願望をそのまま描き出す夢である。これは幼児の夢によく見られるものであり、大人になってくると次第に少なくなる。

第二のグループは、抑圧されている願望をこっそりと表現する夢で、わたしたちが見ている夢の大部分はこのような夢である。こうした夢を理解するためには分析の助けが必要である。

第三のグループは、抑圧された願望を描いているものの、隠蔽せずに願望を描いているか、十分に隠蔽せずにこうした願望を描いている夢である。この種の夢は不安感を伴うのが普通であり、夢は中断されることになる。

　こうした不安感は、夢を歪曲する代わりに生じたものである。第二のグループの夢ではこのような不安感が生じないが、それは夢の仕事のおかげである。夢の中でわたしたちを不安にさせる観念の内容は、かつては願望であったものがその後で歪曲されたものであることを証明するのは、それほど困難なことではない。

不愉快な夢

　夢の中には、苦痛な内容のものであることが明らかなのに、夢を見ている間はそれが苦痛に感じられないものがある。苦痛に感じられないのであるから、この種の夢を不安夢の一つとみなすことはできない。これまで夢が無意味であり、心理的に価値がないと主張する理論は、この種の夢の存在をその論拠としてきたのである。しかしこうした夢の実例を分析してみれば、そうした夢は抑圧された願望を、十分に隠蔽された方法で満たしていることが明らかになるだろう。これは第二のグループの夢であり、願望を隠蔽するには、夢の仕事のうちの転換作業が非常に有効に機能していることが明らかになるだろう。

少女の夢の実例

ある少女は、自分の姉に残されたただ一人の子供が、死んで目の前に横たわってい る夢を見た。その子供は、少女が数年前にその姉の最初の子の死体を見たのとまった く同じ状況で死んでいたのである。その夢を見て少女は心の痛みをまったく感じな かったが、わたしがその状況は少女の願望を満たしたものであると指摘しても、少女 はその解釈に同意しようとしなかった。

わたしにもその解釈を確実なものと考える理由はなかった。ただし、少女が自分の 好きだった男性と最後に出会って会話することができたのは、数年前に姉の最初の子 供が死んで葬儀が営まれたときのことだった。姉の二番目の子供が死ねば、姉の家で そのいとしい男性に会えるに違いない。少女はこの再会を熱望しているものの、そう した自分の感情を否定しようとしているのである。実際にこの夢を見る前の日に、彼 女は憧れているその男性が出演するはずの講演会の入場券を購入していたのである。

この少女の夢は普通は、旅行や観劇など、こうした娯楽の行事が行われる前の日に夢見る待ちきれなさを表現した単純な夢である。しかし今回の夢の中の状況は、本人がそのような願望を抱いていることを隠すために、喜びの感情にもっともふさわしくないような場面に転換されていたのだった。しかもそのような場面はかつて現実に起きていたものなのである。

さらに注意が必要なのは、夢の中でのこの少女の感情の反応は、口実とされた夢内容にふさわしいものではなく、彼女の現実の夢内容にふさわしいものとなっているということであるが、そこには抑制が働いているのである。すなわち夢の中の情景は、少女が長い間待ち望んでいた再会を先取りするものであり、痛みの感情とはまったく無縁なものなのである。

一〇

観念を形成する二つの審級

これまでのところ哲学者たちは、抑圧の心理学などについて真面目に論じたことはない。だからこそ、未知の領域に取り組むにあたって、夢の形成過程について具体的な観念を構築しようとするのは、わたしたち［精神分析者］にふさわしいことだろう。わたしたちが作り出した図式は（もっともこれは、夢の研究だけによって作り出されたわけではないが）、かなり複雑なものである。それでもわたしたちはこれよりも簡単な図式では、思うところを十分に示すことができないのである。

わたしたちの考えでは人間の心的な装置のうちには、観念を形成する二種類の審級が存在する。第一の審級の活動はそれ自体が無意識的なものであり、第二の審級を通過することでどうにか意識に到達することができる。この第二の審級は、自ら作り出した観念を意識に自由に送り込むことができるという特権をそなえている。この二つの審級の境界線、すなわち第一の審級から第二の審級へと通過する場所には、検閲を行う機構が存在していて、自分の認めたものだけを通過させ、それ以外のものは最初の審級のうちに留めておくのである。すると検閲を行う機構によって通過することが認められなかったものは、わたしたちの定義によると抑圧された状態にあることになる。

ところがこの二つの審級の力関係は、睡眠状態のようなある種の条件のもとでは変わってくる。眠っていると、それまで抑圧されていたものをもはや完全に押しとどめていることはできなくなる。睡眠状態においてはいわば検閲が緩むのであり、それによってこうした変化が起こるのである。こうして、それまで抑圧されていたものが、意識にのぼるための道が開かれることになる。

その場合にも検閲の力は緩むだけであって完全になくなることはない。そこでそれまで抑圧されていたものが意識にのぼるためには、変形が加えられる意識にとって望ましくない点をいくらか緩和せざるをえなくなる。このようにして意識の表面にのぼってくるのは、片方の審級が意図しているものと、他方の審級が要求しているものの間の妥協の産物なのである。

これについてのわたしたちの基本的な図式は抑圧——検閲の緩み——妥協物の形成というものであり、これは夢の形成だけではなく、他の非常に多くの精神病理学的な形成物の発生にも、同じように重要な意味を持っている。どの場合にも妥協物が形成されるにあたっては、わたしたちがすでに夢の仕事において確認したのと同じような濃縮および転換というプロセスと、表面的な連想関係が利用されるのである。

二つの審級の理論

わたしたちは、夢の仕事について説明する際に、ある種の悪霊信仰のような要素が含まれていたことを、隠そうとは思わない。曖昧な夢が形成される際には、あたかも、ある別の人物に依存している人が、その人には聞かれたくないことを口に出そうとしているような印象を受けているのである。そしてわたしたちはこの比喩をもとにして、夢の歪曲と検閲という概念を構築した。そしてわたしたちのこうした印象を、荒削りではあるが少なくとも分かりやすい心理学的な理論に翻訳するように努力してきたのである。

さらに研究が進めば、すでに述べた第一の審級と第二の審級が実際にどのようなものであるかが明らかになるだろう。いずれにしても第二の審級は意識への通路を制御しており、第一の審級を意識から締め出すような力を持っているというわたしたちの推定にふさわしい命題が、真理として証明されることを望んでいるのである。

夢の忘却の意味

このような検閲機構は、睡眠状態が終わるとすぐに以前の機能を完全に回復するのであり、力が弱っていた間に通過してしまったものを、ふたたび破壊することができる。夢の忘却という現象は少なくとも部分的にはそう説明するしかないのであり、これは無数の経験において実証されてきたことである。すなわち他人に自分の夢について話している時や、夢を分析している時には、それまですっかり忘れてしまったと思っていた夢内容の断片が、不意に姿を現すことが珍しくないのである。忘却のうちから再び奪い返されたこの断片はつねに、夢の意味を知るための最善かつ最良の道なのである。この断片が忘れられたということ、すなわち再び抑圧されたということの理由は、まさにそこにあるのである。

一一

眠りを守る夢

夢の内容は、充足された願望を描き出すものであると考えるならば、そして夢の内容が曖昧なのは、抑圧されていた素材が検閲機構によって変形させられたためであると考えるならば、夢機能を解明するのはもはや困難ではない。すなわち夢は眠りを妨げるとよく言われるが、わたしたちとしてはこれとは反対に、夢は眠りを守るものだと考えざるをえないのである。わたしたちのこうした主張は、子供の夢についてはすぐに認めてもらえるのではないだろうか。

　子供たちの睡眠状態において、どのような種類のものにせよ、心理的な睡眠の状態においてみられる変化は、子供たちが眠ろうと決意したことによって生み出されるのである。子供たちは親から命じられたときに、あるいはさまざまな疲労感によって自発的に、このような眠ろうとする決意を持つようになる。

　ただしこうした睡眠状態が可能となるためには、子供の心的な装置から、眠ること以外の目的を与えるようなさまざまな刺激を遠ざけておくことが絶対に必要となる。外部からの刺激を子供たちから遠ざける方法は、誰もが知っていることだろう。しかし眠りにつくのを妨げるような刺激が内部から生じる場合には、それをどのようにして遠ざけることができるだろうか。

　子供を寝かしつけようとしている母親のことを考えてみよう。子供のほうでは、もう一度キスしてほしいとか、もっと遊んでいたいとか、さまざまな要求を出しつづけるだろう。母親はそうした要求の一部を認めるだろうし、残りのものについては母親の権威によって、翌日に回させることになるだろう。

子供のうちで願望や要求が動き始めると、眠りにつくのが妨げられるのは明らかである。夜中に目を覚まして寝室に響き渡るような声で、「ぼくは、あの扉が欲しいんだ」と叫んだいたずら小僧の愉快な話は誰もが知っているだろう（バルドウィン・グロラー）[14]。そしてもう少しお行儀の良い子供であれば、大声で叫ぶのではなく、扉と遊ぶ夢を見るだろう。

夢は願望をすでに満たされたものとして示すので、子供は眠っている間はその願望が本当に実現されたと思っているのであり、それによって夢はその願望をもみ消すことができる。こうして子供は眠りつづけることができるのである。このような夢の形成物が本物だと思われるのは、それがあたかも知覚という心理現象のように見えるからであることは否定できない。この頃の子供には、幻覚や空想を現実から区別する能力がまだ欠けているのである（こうした能力はもっと大きくなってから獲得される）。

抑圧する審級の働き

大人は幻覚や空想を現実と区別することを学ぶとともに、ただ願っただけでは意味がないことを理解する。そして継続的な訓練によって自分の目標の実現を将来へと先延ばしする。こうして、外界の状況を変化させるという長い迂回路を経由することで、自分の目標を実現する手段を手に入れるのである。このため大人になると、眠りながら夢を見るという心理現象を利用して、自分の願望を手軽に満たすという方法を使うことは少なくなる。それどころか夢において願望を充足するなどということはまったく起こらなくなる。子供の夢と同じような構造の夢を見たとしても、そうした夢にははるかに複雑な解明が必要となると考えられるのである。

また大人の場合には、そして完全に心が健康な人の場合にはつねに、子供とは違って、心的な素材がはるかに分化された形で構成されている。それまでの人生経験に教えられて、ある心的な審級が形成されていて、この審級が自分の心の動きに嫉妬するかのような厳しさで、支配的で抑制的な影響を及ぼす。この審級は意識や随意的な運動能力に対する影響を行使することができるのであって、心理的にはきわめて大きな力をそなえている。大人においてはこの審級によって、幼児的な心の動きの一部が、人生に無用のものとして抑え込まれるのであり、このような心の動きから生まれた思考の素材はすべて、抑圧された状態にある。

自我の審級の働き

この審級の一つに、わたしたちが正常な自我と呼ぶことができるものがある。眠りたいという願望に向かい合うと、睡眠の心理的および生理的な条件のために、昼間は抑圧されているものを抑えつけるために使われるエネルギーを弱めざるをえなくなる。このこと自体には問題はない。抑圧されていた幼児的な心の動きが自由に働き始めても、とくに大きな問題が生まれるわけではない。というのも、睡眠状態にあるために、こうした心の動きが意識に入り込むのは困難になっているし、こうした心の動きが運動性を獲得する道が遮断されているからである。他方でこうした心の動きによって眠りが妨げられる危険は防がなければならない。

このような事情は別としても、わたしたちは次のように考えざるをえない。すなわち、深い睡眠中であっても、眠りつづけるよりも目を覚ますほうが好ましいと思わせるような感覚的な刺激に対抗するために、睡眠中にはそれほど使われない注意力が、ある程度はこうした心の動きを監視するために使われるのである。そのように考えなければ、ある特別な種類の感覚的な刺激が生じると、つねにわたしたちが目を覚ますという現象を説明することができないのである。

これについては生理学者のブルダッハ[15]が早くから強調している。たとえば母親は子供が悲しそうな声で泣くとすぐに目を覚ますし、水車小屋の主人は水車の音が止まるとすぐに目を覚ます。そしてほとんどの人は自分の名前を小さな声で呼ばれると目を覚ますのである。

ところがこの種の覚醒状態を維持しようとする注意力はつねに監視をつづけているので、抑圧されているものから生まれる内的な願望のもたらす刺激にも注目している。そしてこうした刺激とともに、これらの二つの審級を同時に満足させる妥協の産物として、夢を作り上げる。夢は抑圧された願望や、抑圧によって生みだされた願望を、すでに充足されたものとして描くことがあるが、これは「無意識の審級を満足させるために」そうした願望を心的に処理する方法の一つなのである。ところで夢は、睡眠をつづけさせるという形で、もう一つの「自我の」審級も満足させている。その場合にわたしたちの自我はあたかも子供のようにふるまうのであり、夢で見た情景を本物であると信じ込む。それはあたかも「その通りだ、お前の言う通りだ、しかしわたしを眠りつづけさせてくれ」と言おうとしているかのようである。

わたしたちは目が覚めた後では夢を軽蔑するものである。その理由としてわたしたちは夢が混沌としていて、非論理的なもののように見えることをあげるが、こうした態度は、わたしたちの自我が、睡眠中に抑圧されているものによって生まれた心の動きに対して示す評価にほかならないと考えられる。自我はこうした睡眠を妨げる心の動きが、運動性を持たないことを見抜いていて、それを軽蔑しているかのようである。このような軽蔑的な評価は、眠っている間にもわたしたちの意識にのぼってくることがある。そして夢の内容があまりにも検閲の許容限度を超えている場合にも、「いずれにしてもこれは夢に過ぎない」と考えて、そのまま眠りつづけるのである。

夢には特別なものがあり、たとえば不安夢のように、眠りが中断しないように守るという夢の本来の機能を果たせなくなって、適切な時点で眠りをやめさせるという別の機能に切り替わる場合もあるが、これはここで述べた解釈と矛盾するものではない。そのような夢もまた、職務に忠実な夜警のようにふるまうのである。夢は良心的な夜警として、最初のうちは一般市民の眠りを妨げるようなものを抑え込むのであるが、眠りを妨げる要因が不審なものと思われて、自分では処理できないと判断した時には、一般市民を目覚めさせることによってその義務を遂行しつづけるのである。

眠りつづけるために見る夢

夢のこのような機能が特に明確に示されるのは、眠っている人の知覚に感覚を刺激するようなものが訪れる場合である。睡眠中に感覚を刺激するものが夢の内容にも影響を及ぼすことはよく知られており、実験によって証明することもできる。これは夢についての医学的な研究の少ない確実な成果の一つであるが、過大評価されることが多いのも確かである。

ただしこの研究成果にはまだ解明されていない謎がつきまとっている。というのも実験の際に、実験台になっている人に与えられた感覚刺激は、夢の中ではそのものとして正しく認識されないようであり、明確には規定されない複数の解釈の一つに組み込まれると考えられる。それがどの解釈に組み込まれるかは、心理的には恣意的に行われるかのように思われる。ところが実際にはこのように、心理的に恣意的に行われることなどは、ありえないことなのである。

眠っている人に外部から感覚刺激が与えられると、その人が示す反応にはいくつかある。眠っている人はこれによって目を覚ますか、感覚刺激を無視して眠りつづけるかのいずれかである。感覚刺激を無視して眠りつづける場合には、夢を使ってそうした外部からの刺激を処理することもできるのであり、そのためにはさまざまな方法がある。たとえばそうした刺激にまったくそぐわない状況を夢見ることで、そうした刺激を消滅させることもできる。会陰部に腫瘍があってその痛みで目を覚ましそうになったある男性は、この方法で眠りつづけた。その男性は馬に乗っている夢を見たのであるが、その夢の中で鎮痛用の温湿布を乗馬用の鞍に見立てることによって、眠りを妨げるものを無視することができたのである(16)。

あるいは外部からの刺激に新たに解釈を加えて、充足されることを望んでいる抑圧された願望の一部にその刺激を組み込み、それによってそうした刺激から現実性を奪い取って、心理的な素材の一部であるかのように扱うこともできるのであり、このような例の方が多い。

たとえばある人が「ある根本的な理念を具現することのできるような喜劇を執筆した。劇場でその第一幕が上演され、割れんばかりの拍手喝采を博した」という夢を見たとしよう。このような夢を見ることによってその人は外部からの妨害を退けて眠りつづけることができたに違いない。というのはその人は目覚めた後で、もうそのような物音はしていなかったのに、自分が寝ている間に絨毯かベッドの埃を叩く作業が行われていたことをみごとに言い当てたからである。何か大きな物音によって目を覚ます直前に見た夢はすべて、目を覚ます原因となる外部の刺激を、他の説明によって否定し、わずかでも睡眠を引き伸ばそうとする試みにほかならないのである。

一二

いわゆる「性的な夢」

夢が歪曲される主要な動機は検閲にあるという見方を維持していれば、大人の夢の多くは、分析すると性的な欲望にたどりつくという夢解釈の結果を知らされても、意外と思うことはないだろう。この場合に問題となるのは、あからさまに性的な内容を扱った夢ではない。こうした夢だけが普通は「性的な夢」とみなされ、これは誰もが自分の経験に基づいて知っていることである。

このようないわゆる性的な夢においては、まったく予想に反するような人物が性的な対象に選ばれていたり、目覚めている間に自分の性的な欲求の実現を妨げていたあらゆる制約がすべて取り除かれていたり、いわゆる倒錯を思わせるような些細で奇妙な出来事がいくつも登場したりすることによって、夢を見た本人を訝《いぶか》しく思わせるところが残っているものである。

ところが顕在的な内容からみると性的な要素がまったくないように思える多くの夢も、分析して解釈を施してみると、性的な欲望の充足の夢であることが暴露されることがある。また目が覚めている時の思考活動の「昼間の残滓」と呼べるような多くの観念も、抑圧された性的な欲望の助けによって、初めて夢の中に登場することができることも、分析によって明らかになる。

こうした状況については理論的な立場による裏づけは行われていないものの、次の二つのことを指摘しておきたい。第一に、わたしたちを文化的な存在に教化するという大義名分のもとで、性的な欲動はきわめて徹底的に抑圧された欲動のグループである。第二に、その反面で多くの人々においては、性的な欲動こそが、心理的な審級のうちでもっとも高次の［超自我の］審級の支配を巧みに逃れることのできる欲動のグループである。

わたしたちは、一見するといかにも目立たず、そのため普通は見逃されたり、誤解されたりしている幼児性欲というものが存在することを明らかにしてきた。わたしたちにはそれによって、あらゆる文化的な人間のうちに、ほぼ例外なしに、幼児期に形成された性生活のパターンが何らかの形で保持されていると主張する権利がある。またこのように考えることによって、夢の形成においては、抑圧されている幼児期の性的な欲望こそがもっとも強力な推進力であり、これがもっとも頻繁に登場するものであることが理解できるのである。[*2]

性的な夢の象徴

実際にはエロス的な欲望を表現している夢が、その顕在的な内容においては、無害で性的ではない夢であるかのように見えることに成功するとすれば、そのための方法は一つしかない。性的な観念を含む素材をそのままで表現しないことである。夢の内容においては暗示や仄めかしなどの間接的な描写に置き換えなければならないし、間接的な描写が行われるその他の場合とは違って、夢の中の描写ではすぐにはそれと分からないようになっていなければならない。

このような条件を満たす描写方法は、描写するものそのものではなく、その象徴を利用する方法である。同じ言語を話す人々の見る夢は、夢の中で同じような象徴を利用するものであり、そればかりではなく異なった言語を話す人々の夢においても、共通の象徴が利用される場合があることが明らかになってからは、この象徴の利用という方法にとくに注目が集まってきた。

夢を見た本人には、自分が使った象徴の意味が分からないわけであるから、象徴と、その象徴によって置き換えられて描かれたものの関係がどのようなものであるかは、さしあたりは謎である。しかしその事実そのものには疑問の余地はなく、これが夢解釈の技術にとって重要な意味を持っている。というのも夢の象徴についての知識を活用することによって、その夢を見た本人に、夢に関してどのような連想が浮かぶかを尋ねなくても、夢内容の個々の要素について、あるいは夢の個々の部分について、さらに夢全体について、その意味を理解することができるからである。このようにしてわたしたちは、一般の人々が望んでいるような理想的な夢の翻訳に近づくばかりではなく、夢の解釈とは象徴体系による夢の解釈であると考えていた古代の人々の解釈技術に再び近づくことになる。

性的な行為と象徴

夢の象徴に関する研究はまだ完成するにはほど遠いが、現在の段階でもわたしたちは象徴について一般的に、あるいは個々の象徴について、いくつかの事実を確信を持って述べることができる。

ほとんどすべての夢に、はっきりと翻訳することのできる象徴が使われている。たとえば皇帝とその后（王と王妃）は両親を意味している。部屋は女性（女性のための部屋）を意味している。部屋の出口と入口は身体の開口部を示している。夢の象徴の多くは、人物や身体の部分や、性的な興味が強調されている行為を示すために使われている。とくに性器は非常に予想を裏切るような多数の象徴によって表現されることがある。象徴によって性器を表現するために、あらゆるものが使われる。

夢の中では、鋭い武器や、木の幹や枝のように長くて固いものはペニスを表現するし、タンスや箱や車やかまどなどは女性の身体を表現する。このような象徴であれば、比較のために使われているこうした代用物（比較のための第三者《テルティウム・コンパラティオニス》）と性器の共通性はすぐに分かるが、すべての象徴についてこれほどたやすく共通性が明らかになるわけではない。

たとえば階段や登るという行為は、性的な行為を象徴するものであり、ネクタイはペニスを象徴し、材木は女性の身体を象徴するのであるが、このことは他のさまざまな迂回路に通じていて、象徴と象徴されるものの関係に詳しい人でなければ、なかなか信じがたいことかもしれない。ついでながら夢の象徴の中には男性と女性の両方に使われるものも多い。こうした象徴はその時と場合に応じて、ペニスを象徴することも、女性の性器を象徴することもあるのである。

言語と象徴

こうした象徴には、特定の言語圏や文化圏に属するすべての人に共通して使われる普遍的な象徴もあれば、夢を見る人が自分の個人的な表象材料から作り出して、きわめて個人的な形で使う象徴もある。

普遍的な象徴のうちには、繁殖や種子など、農業に由来する象徴のように、それが性的な象徴であることはその言語の習慣からすぐに判断できるものがある一方で、その象徴と性的なものとの関係が、それについての言葉が生み出された遠い時代にまで遡り、その起源がすでに霞んでしまっている象徴もある。それでもこれらのどちらの象徴も、現在においてもまだ象徴として機能する力は失っていないのである。他方で飛行機のように新たに発明されたものも、すぐに性的な象徴として普遍的に使われることは周知の事実である。

夢の象徴体系の果たす役割

ついでにつけ加えておけば、夢の象徴体系(「夢の言語」)についてのわたしたちの知識がさらに深まれば、象徴が何を意味しているかについて、その夢を見た本人に連想してもらわずに、古代の人々が作り出した夢解釈の技術と同じような方法で解釈できるようになると期待するのは誤りであろう。個々の象徴だけでなく、普遍的な象徴の使い方にも人によって違いはある。さらに夢の内容において使われたある要素を、象徴として解釈すべきか、もともとの意味で解釈すべきかについては、決定的な形で判断することはできないし、夢内容のすべてを象徴として解釈することもできない。

これは絶対に確実なことである。

結局のところ夢の象徴体系についての知識は、夢内容の個々の構成要素を翻訳するための仲介として役立つだけであり、以前から使われてきた解釈技術を適用する必要がなくなることはないだろう。それでも夢を見た本人に、まったく連想が思い浮かばない場合や、あるいはそうした連想では十分に解釈できない場合には、夢の象徴についての知識は、夢を解釈するためのもっとも有力な補助手段として役立つはずである。

夢の象徴体系の解釈方法について

夢の象徴体系はさらに、多くの人々が共通してみる「典型的な」夢や、ある個人が繰り返し見る「反復して現れる」夢を解釈するためには不可欠なものである。これまで述べてきたことは、夢においてさかんに使われる象徴的な表現方法についての説明としてはごく簡単な素描にすぎず、不十分なものである。それでもこの問題について、次のような重要な指摘を述べておきたい。そうすれば、わたしたちのこうした怠慢も許されるだろう。

すなわち夢の象徴体系はたんに夢だけに関わる問題ではなく、夢における描写と同じように、民話や神話にも、伝説における描写にも、さらにジョークやフォークロアにおける描写にも、大きく関わっている。夢の象徴を研究することによって、わたしたちは人間心理が生んだこれらの産物と夢との密接な関係を探求することができるようになる。ただし夢の象徴体系は夢の仕事によって作り出されたものではなく、おそらくわたしたちの無意識的な思考の独特な現れであって、こうした思考が夢の仕事に、濃縮や転換や戯曲化に必要な素材を提供していることを、わたしたちは自覚しておかなければならないだろう。*3

一三

今後の研究の方向

これまで述べてきたことによって、夢に関するあらゆる問題に光を当ててきたと主張するつもりはないし、ここで論じてきた問題を十分に解明したと主張するつもりもない。夢についての文献に関心を持たれた読者は、一八九九年にトリノで出版されたサンテ・デ・サンクティス『夢』を参照されるようお勧めする。[17]この論文で展開した夢理論についてさらに詳しい論証は、わたしの『夢解釈』（ライプツィヒ／ウィーン、一九〇〇年）を参照していただきたい。以下では夢の仕事についてわたしがこれからどのような方向で研究を進めようとしているかについて述べるにとどめたいと思う。

わたしは夢の解釈の使命は、夢内容を潜在的な夢思想に置き換えること、すなわち夢の仕事が織り上げた織物を解きほぐすことにあると考えている。これによって夢の仕事のメカニズムそのものについて、そしていわゆる抑圧の性質とその条件について、新しい心理学的な問題が発生することになる。他方でわたしは夢思想というものが、正常な知的な活動のすべての特徴をそなえた最高級の心理的な産物として、きわめて内容豊富な素材であることを主張したのである。そうした素材は意識されることがないのに、夢内容によって歪曲された情報を意識に伝達することができるのである。

このような夢思想はあらゆる人の心のうちに潜んでいると考えざるをえない。というのもきわめて正常と判断される人々を含めて、ほとんどすべての人が夢を見るからである。夢思想の無意識の部分と、これに関わる意識と抑圧の関係からは、心理学にとって重要ないくつもの問題が生まれてくる。ただしこうした問題を解決するためには、ヒステリーの症状や強迫観念のように、夢とは異なる精神病理学的な産物の発生過程が、精神分析によって解明されるまで待たなければならないだろう。

原注

＊1 著名な言語学者たちが人類の最古の言語では、強いと弱いとか外と内のように、正反対の意味を持つ二つの概念を同じ言葉で表現するのがごく普通の方法であったと主張していることは注目に値する。これについてはわたしの論文「原始言語における単語の意味の相反性について」を参照されたい。

＊2 これについてはわたしの論文『性理論三編』（一九〇五年、第五版、一九二二年、全集第五巻）を参照されたい。

＊3 夢の象徴についての詳しい解釈は、わたしの『夢解釈』であげた夢の解釈に関する古い文献（ダルディスのアルテミドロスの著作、シェルナーの『夢の生活』一八六一年など）の他に、精神分析学者たちの神話に関する研究書、そしてW・シュテーケル『夢言語』（一九一一年）などの説明も参照されたい。

訳注

（1）ゴットヒルフ・ハインリヒ・シューベルト（一七八〇～一八六〇）はドイツの神秘的な傾向のある自然科学者で、自然哲学者。この意見は、『夢の象徴法』（バンベルク、一八一四年）に述べられている。フロイトは『夢解釈』の第一章で、これとほぼ同じ内容のことを述べている（フロイト『夢判断』、『フロイト著作集』第二巻、人文書院、五七～五八ページ参照）。

（2）カール・アルベルト・シェルナー（一八二五～一八八九）は、人間の心について研究した在野の哲学者。主著は『夢の生活』で、フロイトは『夢解釈』の第一章で、シェルナーの「夢の象徴化的な空想」（フロイト『夢判断』前掲訳書、七六ページ参照）の理論についてかなり詳しく紹介しているが、彼の理論については厳しく評価している。

（3）ヨハネス・フォルケルト（一八四八～一九三〇）は、美学と心理学を結びつけようとしたドイツの哲学者・美学者。フロイトはフォルケルトの『夢の空想』を『夢解釈』であげて、「空想という特徴を詳しく考察することで、哲学思想の体系のうちで、夢という心的な活動が占める位置を明確に定めようとした」(フロイト『夢判断』前掲訳書、七六ページ参照)と評価している。

(4) カール・ビンツ(一八三二〜一九一三) はドイツの医学者・薬学者。キニーネの研究で有名だが、フロイトは『夢解釈』ではビンツの『夢について』(ボン、一八七八年)を何度も引用している。フロイトはビンツが毒物を投与することで夢を見させる実験を行ったことを指摘しながら、夢の「身体的な原因」という概念を提起したのが、ビンツであることを確認している(フロイト『夢判断』前掲訳書、六九ページ参照)。

(5) これが精神分析の基本的な手法である自由連想法である。フロイトは精神疾患の治療のためだけではなく、夢の分析にもこの手法が役立つと考えている。

(6) ゲーテの『ヴィルヘルム・マイスターの徒弟時代』から。ハープを弾く老人が歌う歌で神に語りかけた言葉。手近な邦訳を引用しておく。「おん身はわれらを率いて生に入らしめ、/おん身は憐れなる者に罪を負わしめ、/かくておん身は彼を苦悩に委ねたまう」(小宮豊隆訳、岩波文庫、上巻、一九七ページ)。ここで「罪を負わせる」という言葉には「負債を負わせる」という意味がある。

(7) ディオメデスは『イリアス』や『オデュッセイア』に登場するギリシアの英雄で、

アキレウスに次ぐギリシア第二の戦士と称えられた。アレス神などの神々と戦って怪我を負わせることができた唯一の人間である。

（8）フランシス・ゴルトン（一八二二～一九一一）はイギリスの人類学者で統計学者。優生学という言葉を初めて作りだした人物として知られる。犯罪者などの複数の人物の写真を合成した同族写真を作って、こうした人物に共通した特徴を取り出す手法を提案した。

（9）アウアー・フォン・ヴェルスバッハ（一八五八～一九二九）は、オーストリアの化学者で、照明用のアウアー灯を発明した。アウアー灯は白熱ガスライトで、周囲を円筒形のガスマントルで覆うことによって照明効果を高めた。

（10）この夢が詳しく語られている『夢解釈』では、この女性の持っている丈の高い茎には赤い椿のような花がついていた（フロイト『夢判断』第六章D項。前掲訳書、二八九ページ）。「椿姫」のイメージからしても、この花は赤であるべきだろう。

（11）この夢は有名なイルマの夢である。プロピュレンの注射については、『夢解釈』第二章（フロイト『夢判断』前掲訳書、九三ページ以下）を参照されたい。

（12）化学物質のプロピュレンとそっくりな名前のプロピュレーエンは、ミュンヘンのケーニヒ広場にある古代ギリシア神殿風の柱廊門のことである。
(13) このF氏とは、フロイトが若い頃から親しかった耳鼻科医ヴィルヘルム・フリースのことである。
(14) バルドウィン・グロラー(一八四八～一九一六)はオーストリアの作家。「ウィーンのシャーロック・ホームズ」と呼ばれた短編集シリーズ『探偵ダゴベルトの功績と冒険』は、東京創元社から邦訳が出ている。
(15) カール・フリードリヒ・ブルダッハ(一七七六～一八七四)はドイツの生理学者で、中枢神経系の解剖をおこなったことで有名である。フロイトは『夢解釈』でブルダッハの『経験科学としての生理学』を何度もとりあげているが、とくに第一章では粉屋の眠りと粉引き車の音の関係について述べている部分を引用している。フロイト『夢判断』前掲訳書、四九ページ参照。
(16) これはフロイト自身の夢であり、フロイトは自分の見た夢の中で、「客観的な苦痛の刺激源が明確に認識された」唯一の実例として、この夢をあげている。フロイト『夢判断』前掲訳書、一九〇ページ以下を参照されたい。
(17) サンテ・デ・サンクティス(一八六二～一九三五)はイタリアの心理学者で、夢に関する研究で有名である。フロイトは『夢解釈』に一九〇九年に追加した捕捉部分で、サンテ・デ・サンクティスの著作を「勤勉な労作」とか「内容豊富な夢研究の書物」と呼びながらも、「内容的には非常に貧弱」と指摘している。フロイト『夢判断』前掲訳書、八一〜八二ページ。

証拠としての夢（一九一三年）

背景となる状況

疑惑癖と強迫的な儀式に悩まされているある女性が看護婦たちに、ずっと自分から目を離さないでいて欲しいと頼んでいた。それでないと誰も見ていない時に、自分が何か悪いことをしでかすのではないかと悩んでしまうからというのである。ある晩に彼女がソファーでくつろいでいる時、その日に当番だった看護婦が眠り込んでいるのではないかと感じた。そこでその女性は「わたしをずっと見守っていてくれたかしら」と尋ねた。看護婦は慌てて「もちろんですとも」と答えた。このようにして病人は新たな疑惑を抱くようになり、しばらくの間隔を置いて同じ質問を何度もするようになった。看護婦は繰り返し、「絶対に眼を離しませんでした」と誓った。その瞬間に別の女中が、夕食を運んできた。

を感じたある看護のことを思い出したと語っています。この子供は膿漏の眼炎を患っていて、眼が見えませんでした。その子の母親は旅行に出かけたりせずに、子供の看病を手伝っていました。ところでわたしの夫は、この看護婦を高く評価していて、旅に出掛ける前にこの看護婦に、わたしのことをよく注意して見守っていて欲しいと頼んだのでした。その時にこの看護婦は、〈子供を見守るように、奥さまを注意深く見守っています〉と答えたのでした」

ところでわたしたちは患者を分析しながら、この女性患者は自分のことをずっと見守っていて欲しいと看護婦に求めたことによって、みずから子供時代に退行してしまったのだと考えている。

女性患者はさらにつづけた。「看護婦が子供を見失ってしまったということは、彼女がわたしをずっと見守っていなかったということ、わたしから目をそらしてしまったということを意味しています。この夢は、あの女性が実際にうとうとしてしまったのに、そのことをわたしに告げなかったことを告白しているのです」

この夢の中で看護婦が、路上で人々に子供のことを尋ねたことについては、女性患者は解釈できなかった。しかし夢の顕在的な内容のその他の点については、彼女は立派に解釈してみせたのである。

「広い水辺ということであの人が考えているのはライン河のことです。ただしあの人は、そこはライン河よりもはるかに大きかったとつけ加えています。またあの人は、この夢を見た前の夜に、わたしが「聖書の「ヨナ書」に書かれている」ヨナと鯨の話を読んで聞かせてやったことを思い出していますし、わたしがドーヴァー海峡で鯨を見たことがあると話したことも思い出しています。ですから広い水辺というのは海のことなのです。そして暗黙のうちにヨナの物語を示唆しているのです」

「細くて狭い橋というのは、方言で書かれた笑い話に由来するものだと思います。その笑い話によると、宗教の時間に教師が生徒たちに、ヨナの素晴らしい冒険について話して聞かせたのです。ところがある一人の男子生徒が異議を唱えました。先生は別の時間に、鯨の喉はとても狭いので、小さな動物しか飲み込むことはできないと説明してくれたじゃないですか、と抗議したのです。先生は、〈ヨナはユダヤ人だったね、ユダヤ人ならどんな状況でもうまく切り抜けることができるのさ〉と説明して、その場をどうにか切り抜けたというのです。あの看護婦はとても信心深いのですが、宗教の問題については疑い深くなる傾向があるのです。ですからわたしはヨナの物語を話して聞かせたので、宗教についての彼女の疑惑を掻き立てたのではないかと気が咎めていました」

「看護婦はこの細くて狭い橋の上で、顔見知りの看護婦の姿が現れたのを目撃したわけです。看護婦はこの顔見知りの女性について話してくれましたが、それによるとこの女性はライン河に身投げをしたということです。というのもこの女性は看護の仕事で何か失敗をして、看護婦の仕事を辞めなければならなくなっていたからです*1。ですからこの看護婦は、自分が眠り込んでしまったために、首になるのではないかと心配していたわけです。ついでながら彼女はあの事件があった後、そして夢について話してくれた翌日にひどく泣いていたのです。わたしがなぜ泣くのかと尋ねると、無愛想な様子で答えました。〈そんなことは、奥さまもよくご存知のはずです。もうわたしのことは信じてくださらないのでしょうね〉と」

入水自殺した看護婦の姿が現れた話は後から補足されたものであり、特にはっきりしたものであったから、夢を解釈する際にこれを手がかりとすることを患者の女性に勧めるべきだったかもしれない。夢を見た看護婦によると、この夢の前半部分は激しい不安で満たされたものだったが、後半になると落ち着いた気分が広がってきて、そうした気分のうちでこの看護婦は目を覚ましたのである。

この女性は分析をつづける。「夢のすぐ後の部分にも、これが金曜日の夜の出来事を示していることだというわたしの考えが正しいことを示す証拠が見つかります。というのもかつて食料品店で売り子をしていた女性というのは、あの時に食事を運んできた女中を意味しているとしか考えられないからです。あの頃、この看護婦は一日中ずっと気分が悪いとこぼしていたのを覚えています。彼女が夢の中で会った女性に、〈子供を見掛けませんでしたか〉と尋ねているのは、わたしが、〈わたしをずっと見守っていてくれたかしら〉と尋ねたことと結びついているのです。わたしがこの質問を二度目に尋ねた時に、ちょうどあの女中が食事を持って入ってきたのです」

彼女がこの問いを二度尋ねているように、この看護婦も夢の中で子供のことを二度尋ねている。しかし尋ねられた女性はそれにいかなる関心も示さず、何も返事をしていない。これは夢の中で看護婦が優位に立とうとして、この女中を貶めようとしていることを示すものと思われる。彼女は自分の不注意のために非難されたのであり、それに対して防衛するために優位に立つ必要があったのである。

「夢に出てくる女性は、実際には夫とは別れてなどいないのです。夢のこの部分は別の女性の身の上話に基づくものです。その女性は両親の命令で、彼女と結婚することを望んでいる男性と引き離された、すなわち別れさせられたわけです。〈結婚というものはいつでも幸福なものとは限らないわね〉という言葉は、おそらくあの看護婦がその娘に語った慰めの言葉なのでしょう。このような慰めの言葉は、彼女にとっては夢の最後の慰めの言葉の手本となっているのです。この夢は、子供はきっと見つかるにちがいないという慰めの気持ちで終わっているのです」

「しかしわたしがこの夢を聞いて感じたのは、看護婦があの晩に本当に眠り込んでしまったので、わたしに追い出されると心配しているということです。こうして、看護婦が寝ていたのではないかというわたしの疑いは根拠のあるものであることがはっきりしたわけです。

この看護婦は夢の話をしてくれた後で、夢占いの本を持ってこなかったのが残念だとつけ加えました。わたしが〈そんな本には、つまらない迷信しか書いてないわよ〉と言いますと、彼女は自分は迷信などは信じないと言いながらも、〈わたしの人生で嫌なことはいつも金曜日に起きたのです〉と答えたのです。それから彼女はわたしにそっけない態度を示し、怒りっぽくなり、何につけてもわたしに喧嘩腰の態度を示すようになったのです」

フロイトの分析

わたしとしてはこの女性患者が、看護婦の夢を正しく解釈し、評価したと認めざるをえないだろう。精神分析において夢の解釈をする際には、夢を見た人の連想の結果だけが夢の翻訳において重視されるのではなく、夢が語られた状況や、夢分析をした時やその前後における夢を見た本人の態度や、夢とほぼ同時に、すなわち分析による治療の間に、その人が口にしたことや態度で示したことなども、考慮の対象となるのである。

この看護婦の怒りっぽい態度や、嫌なことは金曜日に起こるとこだわっていることを考えると、看護婦本人は否定しているものの、その晩は実際に居眠りしていたのであって、この夢はそのためにこの預かった子供から離されてしまう「すなわち首になる」のではないかと恐れていることを明らかにしているという女性患者の判断を、わたしたちも支持せざるをえないのである。[*2]

この夢は女性患者にとっては、「疑いが裏づけられるという意味で」実際に有用なものだったが、わたしたちにとっても、理論的に二つの意味で興味深いものである。確かにこの夢は慰めの言葉で終わっているが、本質的にはこの夢は、夢を見た看護婦とその雇い主の女性との関係にとって重要な意味を持った告白をもたらすものである。本来であれば願望を充足するはずの夢が、夢を見た本人にはいかなる利益ももたらさない告白をする役割を果たしているのは、どうしてだろうか。このことから考えると、願望を充足する夢や不安夢のほかにも、告白する夢とか、警告する夢とか、反省する夢とか、順応する夢のようなものがあるということを認めなければならなくなるのだろうか。

わたしの夢解釈の理論は、そのような誘惑に反対しつづけているのであるが、そのことが多くの精神分析学者たちの間で疑いの目で見られていることは、しかもその中には著名な精神分析学者たちもいるということは、わたしにはよく理解できないのである。

さまざまな夢を、願望を充足する夢であるとか、告白する夢であるとか、警告する夢であるとか、順応する夢であるとかなどと区別するのは、医者を必要に迫られて婦人科医とか小児科医とか歯科医に分類するのが認められていることと比較すると、はるかに無意味なことと思われる。この場所を利用して、この点について夢解釈によって えられた成果を簡単に振り返っておきたい。[*3]

「昼間の残滓」と夢の仕事

いわゆる「昼間の残滓」は睡眠を妨げる役割も、夢を作り出す役割も果たすことができるが、これは夢日のその人の情動に彩られた思考過程であって、睡眠の際に活動が一般的に低下している間にも、ある程度はそれに抵抗したのである。こうした昼間の残滓は、顕在的な夢の内容を潜在的な夢思想に還元した際に、あらわに示されるものである。昼間の残滓はこうした潜在的な夢思想の断片であって、意識的であるか無意識であるかを問わず、昼間の覚醒している間の活動の一部であり、睡眠中にもこうした活動は持続しているかもしれないのである。

この昼間の残滓というものは、意識および前意識における思考過程の多様さに応じた形で、きわめて多様なものになるとともに、多種多様な意味をそなえているものである。こうした昼間の残滓は、満たされなかった願望であったり、懸念であったり、決意であったり、考えた内容であったり、警告であったり、立ち向かっている課題に順応する試みであったり、その他の様々なものであったりすることができる。その意味ではそれぞれの夢を、解釈で確認された夢内容に従って、すでに述べたように分類するのは、正当なことと思えるかもしれない。しかしこの昼間の残滓はまだ夢そのものではない。昼間の残滓には、それが夢になるためには不可欠な本質的なものが欠けているのである。昼間の残滓はそれだけでは夢を作ることができない。厳密に言えば昼間の残滓というものは夢の仕事にとっては、心的な素材に過ぎないのである。それはたまたまそこにあった感覚的な刺激や肉体的な刺激が、そして採用された実験の条件などが、身体的な素材になるのと同じである。

昼間の残滓を夢が形成されるための主役であるとみなすことは、精神分析が行われる前に広まっていた誤りを繰り返すことである。精神分析が行われる前には夢というのは、胃が疲れている証拠であるとか、皮膚の一部が圧迫された証拠であるとか説明されていたのである。このような学問上の誤謬というものはいつまでも残るものであり、ひとたびは退けられたとしても、また新しい仮面をかぶって忍び込もうと狙っているのである。

このように考えてくると、夢を形成するための主役となるのは、無意識的な願望であると言わざるをえない。この無意識的な願望は普通は、今のところは抑圧されている幼児期の願望であり、それが身体的な素材や心的な素材として、すなわち昼間の残滓として現れることができる。このためこうした願望が昼間の残滓に力を貸しているのであり、これによって昼間の残滓は、夜に思考活動が停止している間にも、意識の領域に入り込むことができるのである。

このような意識されない願望の充足が夢そのものである。それがどのような内容であろうと、警告であろうと思い悩んだことであろうと告白であろうとまったく構わないのである。また前意識に含まれている覚醒時の生活の豊かな内容が、決着のつかないままで夜の夢の中に入り込んで来るのかもしれない。このような無意識の願望こそが、夢の仕事に独特な性格を与えるのであり、前意識的な素材を無意識的に加工して夢が作られるのである。

精神分析においては夢というものは、夢の仕事の生み出したものであると規定することしかできない。潜在的な夢思想を夢そのものとみなすことはできないのであり、それを前意識的な思考によるものとみなすのである。たとえそうした思考が夢を解釈することによってしか知りえなかったとしてもである。ところで意識の審級による第二次的な加工は、夢の仕事の一部とみなされる。第二次的な加工を夢の仕事としては特別なものとみなしても、この考えに変わりはないのである。そうなると精神分析的な意味での夢とは、本来の夢の仕事と、それによって生み出された第二次的な加工の両方を含むことになる。

結論をまとめると、夢が持つ願望の充足という性格は、警告や告白や解決の試みといった夢の性格と同じものとみなすことはできない。これらを同じものとみなしたならば、心的に深い次元から考察するための視点が否定されることになり、精神分析の立脚点が失われるのである。

夢と願望の充足

ここで看護婦の夢に戻って、この夢にはその深いところに願望の充足という性格がそなわっていることを明らかにしてみよう。女性患者によるこの夢の解釈が完璧なものでないことは明らかである。この夢の内容には彼女が解釈できなかった部分が残っている。さらに彼女が強迫神経症にかかっているので、それが夢の象徴を理解する上で、困難な問題を引き起こしているようである。これとは反対に、早発性の認知症の患者の場合には、こうした象徴の理解はたやすくなるのである。

わたしたちが所有している夢の象徴体系についての理論のおかげで、わたしたちは解釈されていない部分も理解することができるし、すでに解釈された部分の背後に潜むさらに深い意味を明らかにすることもできる。

この夢でわたしたちが注目したいのは、看護婦が使用しているいくつかの素材は、出産と子供を持つことに関わる感情のコンプレックスによるものであるということである。ライン河や鯨の見えた海峡のように広い水辺が登場するが、これはおそらく胎児が出てくる水を意味するものと考えられる。また彼女は夢の中で「子供を探しに」出かけたのである。

このような水の定義を含むヨナの神話と、ヨナ（子供）がどのようにして狭い裂け目を通って出てくるのかという問題は、どちらも同じ連関のうちにある。仕事を辞めさせられて気落ちした看護婦の女性がライン河に投身自殺したとされているが、この女性は入水自殺をしたというよりも、人生に絶望していながらも、このような死に方のうちに性的に象徴化された慰めをみいだしたのではないだろうか。看護婦が見た亡霊の女性が渡ってくる細くて狭い橋も、性器の象徴であると考えてほぼ間違いはない。

ただしこれについてこれ以上は正確な知識は入手できていないことも認めなければならない。

看護婦の願望

要するに子供が欲しいという願望が、無意識の世界から生み出されたこの夢を形成する原動力となったと思われる。現実の苦しい状況に置かれているこの看護婦を慰めるには、この願望ほどふさわしいものはないように思える。「わたしは仕事を辞めさせられるだろう。わたしは世話をしている子供から離されるだろう。それならそれでよい。その代わりにわたしは自分で子供を産んでやろう」。彼女が路上ですべての人々に子供について尋ねるところはまだ説明がついていなかったが、その背後にはこのような意味があるのではないだろうか。

そうだとすると夢のこの箇所は、次のように解釈することができる。「わたしは首になって街で身を売らなければならなくなったとしても、子供は産むことができるわ」と。ここまで解釈を進めると、それまで隠されていた看護婦の反抗心が急に声をあげる。この反抗心にぴったり合うのは、次のような告白であろう。「それならそれでいいわ。たしかにわたしは眠り込んでいた。それで看護婦としての信用を落としてしまった。おそらく仕事を辞めさせられるでしょう。それでもあの女性のように、わたしは身を投げて死んでしまうほど愚かな女ではないわ。とんでもない。そもそもわたしはいつまでもこんな仕事をしているわけではないの。わたしは結婚したい。女でありたい。自分の子供が欲しい。それを邪魔させるものですか」。このような読み替えは、「子供を産む」ということが、性交に対する願望の幼稚な表現であるという解釈によって妥当なものとみなされる。このような言葉で表現し難い願望は、意識にとってはこうした婉曲な表現によって示されると考えられる。

このような告白は、夢を見た看護婦にとっては不利なものであるが、覚醒している時にあってもこの女性はこのような告白をしたいと、どこかで考えていたのではないだろうか。それが夢の中でこうした告白となって現れたのである。すなわちこの看護婦の潜在的な性格の特色が、幼稚な願望を満たすために、このような夢を作り出したのである。彼女のこうした性格は、時間的にも内容的にも、子供が欲しいとか、性的な交渉を楽しみたいという願望と密接に結びついているものと考えることができる。

看護婦とそのおば

この夢の解釈の前半部分に尽力してくれた女性患者にさらに詳しく尋ねてみたところ、この看護婦の身の上について、まったく予想外の事実が明らかになった。彼女が看護婦になる前に、彼女に熱心に言い寄る男がいて、彼女はその男と結婚するつもりでいた。ところが彼女のおばがこの結婚に反対したために結婚を断念したのだった。彼女はこのおばに依存心と反感を持つ微妙な関係を取り結んでいたのである。

彼女に結婚をやめさせたこのおばは、病人に看護婦を派遣する修道会の院長だった。彼女はこのおばをいつも自分の理想と考えていた。それにおばの遺産の相続問題もあって、このおばとは縁を切ることができなかった。それでも彼女はこのおばが彼女を入会させる手配をしていた看護修道会には、おばに反抗して入会していなかったのである。夢に現れた反抗的な要素は、このおばに向けられたものだったのである。

わたしたちはこのような性格には、肛門性愛的な由来があると考えているし、彼女がおばから離れることができないのが、金銭的な利害のためであるということも無視できない。また子供たちは、赤ん坊が肛門から生まれてくるという理論を好むものであることも想起されるのである。

この夢に現れたこうした幼児的な反抗という要素について考えてみるならば、この夢の最初の場面と最後の場面との間には、もっと密接な関係があるのではないだろうか。女性患者が「わたしをずっと見守っていてくれたかしら」という質問をした瞬間に、夕食を持って部屋に入ってきた女中は、看護婦の夢の中でかつては食料品店の売り子だった女性である。この売り子の女性は最初から、看護婦の女性に敵対する競争相手の地位を占めるように定められていたようである。この女中は看護婦としては失格であるとみなされている。というのも彼女は、行方が分からなくなった子供にはまったく関心を示しておらず、自分のことについて語るばかりだからである。夢を見た看護婦にも、預けられていた子供にたいする無関心さが感じられたが、こうした無関心な姿勢がこの女性に移し替えられたのである。

この女性については不幸な結婚生活と離婚という経歴が語られているが、それは夢を見た看護婦が心のうちで密かに望みながらも、恐れていることなのであろう。夢を見た看護婦と結婚するはずだった男性との仲を裂いたのは、彼女のおばだったことが、すでに確認されている。このように考えてみれば「食料品店の売り子」（このことには幼児的な象徴的な意味があることも忘れてはならない）の女性は、それほど年上でもない看護修道会の院長だったおばの代役なのかもしれない。夢を見たこの女性にとってこのおばは、母親でライバルである女性という昔ながらの役割を担っていたのである。

この食料品店の売り子である女性がドアの前に佇んでいた自宅のあった場所は、夢を見た看護婦の「馴染みの」場所であり、まさしくこの修道会の院長であるおばが住んでいる場所であることが明らかになっていることを考えると、このような解釈の正しさが裏づけられるのである。

分析をしているわたしと、夢を見た分析の対象である女性との間にある距離のために、この夢が織り上げた織物の中に、もはやこれ以上深く入り込まないことが望ましいだろう。それでもこの夢は解釈が可能な限りで、さまざまな証明が可能であり、さまざまな問題が含まれていることは示せたと言えるだろう。

原注

＊1　この箇所についてわたしは自分の責任で資料を圧縮している。この女性の書いた文章にわたしが手を加えたのである。細くて狭い橋の上に現れた看護婦は、看護の間に何か失敗をしたわけではなかったのである。彼女が仕事を辞めさせられたのは、看護し

ていた子供の母親が旅行に出かけなければならなくなり、自分の留守の間に子供を見てもらうために、もっと年上の、すなわちもっと信頼できる女性を雇いたいと考えたからである。

さらにこれについては、もっと別の看護婦の話も語られていた。この別の看護婦はたしかにある不注意のために仕事を辞めなければならなかったが、入水自殺などはしていなかった。このようにこの夢の要素を解釈するために必要な資料は、二つの異なった源泉に分かれているのであるが、こうしたことはよくあることである。わたしは自分の記憶をたどりながら、解釈が可能なように、この二つの源泉を総合した形で示したのである。

ところで入水自殺をした看護婦の話には、母親が旅に出るという要素が含まれている。女性患者はこの要素を、自分の夫の旅立ちと結びつけている。これが夢における重層的な規定というものであり、これによって解釈が困難になるのである。

＊2　なおこの看護婦の女性は数日の後に、別の第三者に、その晩は眠り込んでいたことを告白している。これによってこの女性患者の解釈が正しかったことが裏づけられたのである。

＊3　これについては『夢解釈』の五九九ページ以下を参照されたい（全集第二巻／第三巻）。

夢に出てくる童話の素材（一九一三年）

童話と夢

精神分析によっても、わたしたちの民俗的な童話が、子供たちの心的な生にどれほど重要な意味を持っているかが明らかになったが、これは驚くべきことではない。自分の好きな童話の思い出が、自分の子供時代の思い出の代わりになっている人もいるほどである。そのような人は童話を、子供時代についての隠蔽記憶にしてしまったのである。

童話に出てくるさまざまな要素や場面は、夢の中にもしばしば登場するものである。あるいは夢の中の個々の要素を解釈する際に、その夢を見た人が自分にとって意味のある童話を思いつくこともある。これはよく見られることであるが、以下ではその二つの実例をあげることにしよう。

ただし童話が幼児の時代とどのような関係を持つのか、また童話が夢を見た本人の神経症とどのように関係するかは、たんに曖昧に示唆するだけにしておく。分析者にとってはこうした関連がきわめて重要なものであるにしてもである。

一

若い人妻の夢

数日前に夫と性交渉を行ったある若い人妻が見た夢である。彼女はどこも褐色に塗られている部屋の中にいる。急な階段を登って、小さなドアから部屋に入れるようになっている。この階段を登って奇妙な小男が部屋に入ってきた。この男は小柄で白髪で、いくらか禿げていて、鼻が赤い。部屋に入ってから彼女の前で踊ってみせ、おどけたふるまいをしてから、部屋を出て階段を降りていった。小男は灰色の服を着ているが、その服を透かして、体の輪郭がすべて見えている（後に行われた訂正によると、この小男は黒く長い上着を着ていて、灰色のズボンを穿いている）。

夢を見た本人の連想

分析。この小男の外見の描写は、夫の父にそっくりである。[*1] ただし彼女はすぐにルンペルシュティルツヒェンの童話を思い出す。(1) 童話の中で小人のルンペルシュティルツヒェンは、この夢の中の小男と同じように、剽軽《ひょうきん》な身振りで踊りながら、知らずに王妃に自分の名前を明かしたのだった。そのため彼は王妃の最初に生まれた子供に対する請求権を失ってしまい、怒りのあまり自分で我が身を引き裂いてしまうのだった。

彼女は夢日に夫にひどく腹を立てて、「あんたなんか、二つに引き裂いてやりたい」と言ったばかりであった。

夢の中の部屋が褐色であることについて解釈するのは、なかなか難しかった。彼女が連想することができたのは、実家の食堂だけだった。実家の食堂は板張りで、茶色の木が敷き詰めてある。次に彼女は、二人で寝るには狭すぎるベッドの話をする。数日前に外国のベッドのことが話題になった際に、彼女はつい不謹慎なことを口にしてしまったのであり(彼女は悪気はなかったと弁解している)、居合わせた人々はひどく笑ったのだった。

フロイトによる解釈

この夢の解釈は難しいものではない。茶色の木製の部屋はまずベッドを意味する。[*2]食堂との関係を考えれば、このベッドは夫婦のベッドである。[*3]つまり彼女は夫婦のベッドの中にいるわけである。すると相手は彼女の若い夫だということになる。夫は数か月も無沙汰をした後に、夫婦のベッドで夫としての役割を果たすためにやってきたのである。ところが夢の中では、やってきたのは最初は義理の父、すなわち夫の父親ということになっている。

このように解釈してみれば、その夢の背後に潜んでいる純粋に性的な内容についての解釈が明らかになってくる。部屋はすなわちヴァギナである（これは彼女の身体の内部にあるものであるが、夢では逆になっている）。しかめ面をしておどけたふるまいをする小柄な男は、ペニスである。狭いドアと急傾斜の階段は、この場面が性的な行為の描写であることを証明している。普通は子供がペニスを象徴するものであるが、ここでは父親がペニスの代理となっている。これに意味があることはやがて明らかにされよう。

夢の残りの部分を解釈してみれば、こうした解釈が間違っていないことが明らかになるだろう。彼女自身の解釈によると、透けて見える灰色の服はコンドームである。この夢の刺激要因となっているのが、妊娠したくないという気持ちであり、夫とのこの性交渉で、二番目の子供を妊娠することになったのではないかという懸念であることが理解できよう。

黒い上着は、彼女の夫によく似合う服装である。彼女は夫がいつも着ている服ではなく、黒の服を着せたいのである。夫の黒服姿が彼女には気に入っているのである。黒い上着と灰色のズボンは、二つの異なった気持ちの層が重なっていることを示している。すなわち「あなたがそうした黒い服を着ていればいいのに」という気持ちと、「そうすればあなたが気に入るのに」という気持ちである。

小人のルンペルシュティルツヒェンは、夢の現実的な思考の部分である昼間の残滓と結びついている。しかも見事に対立した関係によって結びついているのである。小人のルンペルシュティルツヒェンの物語では、この小人は王妃が生んだ最初の子供をもらうためにやってくる。ところがこの夢の中では小男は父親としてやってくる。というのも彼は二番目の子供の種を蒔いたかもしれないからである。しかし小人のルンペルシュティルツヒェンが登場するおかげで、この夢思想のもっとも深い幼児的な部分にまで解釈を伸ばすことができる。剽軽な小男の名前は誰も知らず、誰もがこの小男の秘密を知りたいと望んでいる。というのも小男は見事な腕前を発揮するからである（この童話の中では、藁を黄金に変えることができる）。

ところでこの小男に向けられる怒りは、もともとはその持ち主に対して向けられる怒りであり、この小男を所有していることに対して、その持ち主を羨んでいるのである。これは少女たちのペニス願望である。

これらの要素がこの神経症の土台に対してどのような関係にあるかは、すでに述べた理由からこれ以上は踏み込まないことにする。夢に出てきた小男の髪は短く刈り込まれているが、これには去勢のテーマが関わっているのかもしれない。

分かりやすい実例の場合には、夢を見た人物が童話をどのように扱うか、どのようなところで童話を持ち出してくるかに注目すれば、それによってそうした童話そのものを、これまで知られていない角度から解釈する手掛かりが得られることになろう。

二

若い男性の夢

次にある若い男性の夢の実例をあげよう。この若い男性がまだ五歳になる前に、両親がそれまで持っていた田舎の土地を手放して、別の土地を購入したのであるが、その男性がまだ最初の土地に住んでいた頃に見たごく初期の夢は次のようなものである。

「わたしは夢で自分のベッドに寝ていました。夜中でした。わたしのベッドは足元が窓の方を向いていて、窓の前には古い胡桃の木が並んで生えていました。夢を見たのは冬で夜中のことでした。急に窓がひとりでに開きました。そして窓の前に立っている大きな胡桃の木の上に、数匹の白い狼が座っているのが見えて、とても怖くなりました。狼は六匹か七匹いました。どれも白い狼で、まるで狐か牧場の犬（シェパード）のように見えました。というのも狐のような大きな尻尾が生えていて、何かに注意を向けると、犬のように耳をそばだてたのです。わたしはこの狼に食べられてしまうに違いないという不安のために叫び声をあげて目を覚ましました。子守の女がどうしたのかと、わたしのベッドに駆け寄ってきました。それはたんなる夢にすぎなかったと自分で納得できるまで、しばらく時間がかかりました。窓が開いて、狼たちが木の上に座っているという光景がそれほどまでに真に迫るまざまざとした光景だったのです。わたしはどうにか気を取り直して、危険から逃れた気分になって再び眠りました」

「この夢で動きがあったのはただ一つ、すなわち窓が開いたことです。狼たちはおとなしく身じろぎもせずに木の枝に座っていました。そして木の幹の左右からわたしを見つめていたのです。狼たちはすっかりわたしに注意を集中しているようでした。これがわたしの見た不安夢の最初のものだったと思います。その頃わたしは三歳か四歳、大きくてもせいぜい五歳だったと思います。それから一一歳か一二歳になるまで、怖い夢を見るのではないかとずっと心配でした」

フロイトによる解釈

その後で夢を見た本人は、自分の話を裏づけるかのように、狼が座った木のスケッチを描いてみせたのだった。この夢を分析すると次のようなことが明らかになった。

本人はいつもこの夢と結びつけて、子供だった頃に童話の本で狼の絵を見てとても怖かったという記憶を語るのだった。この子供にはとてもお姉さんぶる姉がいて、この姉は彼をいつもからかって楽しんでいたのだった。そして何か口実を見つけると、彼にその童話の絵を見せる。すると彼は怖くなって泣き出すのである。その絵の中で狼はまっすぐに立っていて、片足を前に踏み出し、両前足を広げて、耳はピンと立っている。彼によるとこの絵は童話の「赤ずきん」の挿絵だという。

この狼たちはなぜ白いのだろうか。この白い狼は彼に、屋敷の近くで飼われていた羊の群れのことを思い出させる。彼の父親は機会があれば彼をこの羊たちのところに連れて行ってくれた。そのたびに彼は誇らしい気分になって浮き浮きとするのだった。その後で調べてみると、この夢を見た直前のことらしいが、羊の群れで伝染病が発生していた。父親はパスツール療法の専門家を呼んで、羊たちに注射をしてもらった。ところが注射をした後では、羊たちは前よりも大量に死んだのだった。

それでは狼たちはなぜ木に登っているのだろうか。それについては、祖父が話してくれた物語を思い出した。話してくれたのが夢を見る前であったか後であったかは本人には分からなかったが、その内容からすれば夢を見る前であったのは確かだろう。

その話とは次のようなものである。仕立屋が部屋に座って仕事をしていると、窓が開いて一匹の狼が飛び込んできた。仕立屋は定規で狼を叩こうとしたが、もっといい方法があると考えて、仕立屋は狼の尻尾を摑んで、尻尾を引っこ抜いてしまった。そこで狼はすっかり恐れて逃げ出してしまった。

しばらくして仕立屋が森の中を歩いていると、不意に狼の群れがやってくるのが見えた。仕立屋は木に登って避難した。そこで狼たちは困ってしまった。ところが群れの中に尻尾を引っこ抜かれた狼がいて、彼に復讐しようとして、次のように提案した。一匹ずつ順に上に乗って行けば、最後の狼は仕立屋をつかまえることができるのではないかというのである。その狼は屈強な年老いた狼であり、この狼のピラミッドの一番下の土台になろうとしている。ところが狼たちが計画を実行し始めると、仕立屋はこの狼が、自分を襲ったので罰を加えてやった狼であることに気づく。そして前の時を思い出して「灰色の狼よ、尻尾を摑んでやるぞ」と叫んだのである。尻尾を引っこ抜かれた狼は前のことを思い出して恐ろしくなり、逃げ出してしまう。そのため上に乗っていた他の狼たちはみな、崩れ落ちてしまうのである。

この物語には木が登場するが、夢においてはこの木の上に狼たちが座っているのである。この話が去勢コンプレックスと結びついているのは明らかである。この老齢の狼は、仕立屋に尻尾を引っこ抜かれたのである。彼の夢の中の狼たちに、狐のような尻尾がついているのは、おそらく狼が尻尾を引っこ抜かれたことへの代償であろう。

狼たちはなぜ六匹か七匹なのだろうか。この質問に答えがえられなかったので、わたしは彼を怖がらせた絵というのが、本当に赤ずきんの童話の挿絵だったのかどうか、彼に疑問を投げかけてみた。赤ずきんの童話に挿絵があるとすれば、森で赤ずきんと狼が出会った場面の挿絵と、狼がおばあさんの頭巾をかぶってベッドの中に寝ている場面の挿絵の二枚だけに限られるはずである。そうしてみると狼の絵の思い出の背後にはもっと、別の童話が潜んでいるのではないだろうか。

やがて本人は、これは「狼と七匹の仔山羊」の話に違いないことを発見したのである。この話には七という数字が出てくるが、六という数字もここに含まれている。というのも狼が食べてしまう仔山羊は六匹だけであり、七番目の仔山羊は時計の中に隠れていて食べられないですむからである。この童話には白という色も出てくる。最初に狼が仔山羊たちを訪れた時には、足の先が灰色だったので、仔山羊たちに狼であることを見破られてしまったのである。そのため狼はパン屋に足の先を白くしてもらったのだった。

さらにこの「赤ずきん」と「狼と七匹の仔山羊」という二つの童話には、多数の共通点がある。狼は相手を食べてしまうし、狼のお腹が切り裂かれるし、食べられたはずの人々が生きて外に出てくるし、その代わりに狼の中に重い石が詰められるのである。これらの共通点のほかにも、悪役である狼は最後には死んでしまう。また仔山羊の童話には木も登場する。狼は仔山羊たちを食べた後で、満腹になって一本の樹の下に横になるのであり、そこで鼾をかきながら寝てしまうのである。

動物恐怖症と不安夢

この夢については特殊な事情のために別のところで検討しなければならず、その場所でこの夢をさらに詳しく解釈し、評価するつもりである。[*4]というのはこの夢は、幼年期の思い出である不安夢としては、その夢の内容が、その後の一連の夢や、夢を見た本人の子供の頃の出来事との関連で、非常に特別な種類の関心を呼び起こす夢だからである。

ここではこの夢と多くの共通点のある二つの童話「赤ずきん」および「狼と七匹の

仔山羊」との関連だけを考察することにする。この夢を見た本人がこの二つの童話から強い印象を受けていたために、幼年期に本当の動物恐怖症として現れたのである。この動物恐怖症がその他の類似の症例とくに異なる点として、不安の対象とされる動物が、馬や犬のように子供たちが実際にすぐに接することのできる対象ではなく、たんに絵本や物語で知っていた対象だったことが挙げられる。

このような動物恐怖症をどのように説明すべきか、それにはどのような意味があると考えるべきかについては、機会を改めて考察したい。ここで先取りして述べることができるのは、夢を見た本人が後の時期に発病した神経症に見られる主な性格に、この説明がぴったり当てはまるということである。本人の病気の最も強い動機は、父親に対する不安であった。父親の代理物となりうるものであれば、本人はあらゆるものに対して両義的な姿勢を示したのであり、これが本人の生活や行動における態度を支配したのである。

この患者の場合に、狼が最初の父親代理物にすぎないのであれば、仔山羊を食べてしまう狼の童話と赤ずきんの童話が、父親に対する幼児の不安の他に隠れた内容を持っているのではないかと検討すべきである[*5]。

ついでながらこの患者の父親は、多くの人々が自分の子供に対してするように、子供を「優しく叱る」のが常だった。さらに父親は、小さな息子と遊んだり可愛がったりしていた最初の数年間に、子供に対して「食べちゃうぞ」という冗談めかした脅しをしたに違いない（やがて父親は子供に対して厳しい姿勢を示すようになったのだった）。わたしのある女性患者が語ったところによると、彼女の二人の子供はおじいさんをひどく嫌っていたという。それはおじいさんが子供たちと優しく遊んでいる間に、「おじいちゃんはお前たちのお腹を切って開いてしまうぞ」と脅かすのがつねだったからだという。

原注

＊1　ただし夫の父の髪は長いが、夢の中の小男の髪は短く刈り込んである。

＊2　木材は周知のように女性や母性の象徴である。マテリア［ラテン語女性名詞マテリアには「物質」や「木材」などの意味がある］やマデイラ［ポルトガル語の女性名詞で「木」を意味する］のことを考えられたい。

＊3　テーブルやベッドは、婚姻を意味するからである。

＊4　フロイト「ある幼年期の神経症の病歴から」（全集第一二巻所収）。

＊5　オットー・ランクはこの二つの童話とクロノスの神話に類似性があることを指摘している。「幼児の性理論についての民族心理学的な比較」（『精神分析中央雑誌』第二巻、一九一二年）を参照されたい。

訳注

（1）　ルンペルシュティルツヒェンの話はグリム童話に収録されたものである。岩波文庫版の邦訳では意味をとって「がたがたの竹馬こぞう」と訳されている。鬼の名前を当てたために、鬼の魔手から逃れることができるという童話である。『完訳　グリム童話集2』金田鬼一訳、岩波文庫、一七六ページ以下。

夢とテレパシー[1]（一九二二年）

この講演の目的

いわゆるオカルト的な現象について関心が高まっていますので、この講演のタイトルには、とくに大きな期待が寄せられているものと思います。そこでわたしは、このような過大な期待が寄せられることのないように、急いで説明を加えておきたいと思います。わたしの講演によってテレパシーの謎について何かを知ることができるようにはならないでしょう。わたしが「テレパシー」の存在を信じるかどうかについても、明確な答えをお聞きになることはないでしょう。

わたしがこの講演で目指しているのはもっと控え目な目的であり、テレパシーというものが、その起源はどうであれ、夢とどのような関係にあるのか、あるいはもっと厳密に表現すれば、テレパシーがわたしたちの夢の理論とどのような関係にあるのかを調べるということにすぎません。一般に夢とテレパシーがごく密接な関係にあると考えられていることは、よくご存知の通りだと思います。しかしわたしがこの講演でお話ししようとしていることは、夢とテレパシーがあまり関係のないものであるということ、そしてテレパシー的な夢というものが存在するとしても、夢についてのわたしたちの考え方を変更する必要はまったくないということなのです。

テレパシー的な夢

今回の講演の基礎をなしている材料はごくわずかなものです。わたしにとってとくに残念なのは『夢解釈』(一九〇〇年)を執筆した時とは違って、わたしが自分の見た夢を材料にして研究することができなかったことです。というのもわたしは「テレパシー的な」夢というものを一度も見たことがないからです。ただしわたしの見た夢の中に、どこか遠い場所で何らかの事件が起きるという情報が含まれていて、その事件が実際に起きるのがその直後であるか、それよりももっと後のことであるかについては、夢を見た人が判断することになるような夢はありました。あるいは目が覚めている時に、遠く離れた場所で起きている事件について予感を抱いたことも、たびたびありました。しかしこのような予兆や予告や予想のようなものは、よく言われる表現で言えば「実現しなかった」のです。実際に起きた出来事は、こうした予感のようなものを裏づけるものではないことが明らかになったのです。ですからこうしたものは、純粋に主観的な期待に過ぎないと考えざるをえなかったのです。

フロイトのテレパシー的な夢の経験

たとえば戦争［第一次世界大戦］の頃にわたしは前線に出ていた息子の一人が戦死したという夢を見ました。夢の内容が息子の戦死であったわけではなかったのですが、夢が告げることは誤解しようのないものでした。W・シュテーケルが死の象徴体系の理論を提示したのはよく知られていますが、この夢はこの方法を使って、そのような内容を表現していたのです（わたしたちはここで、文献的な誠実さというしばしば面倒なものとなる義務を、ゆるがせにしないようにしましょう）。

わたしは夢で、息子が若い兵士として桟橋に、陸と水の境界となる場所に立っているところを見ました。息子はとても青ざめていました。わたしが話しかけても返事もしません。その他にも誤解しようのない暗示が含まれていました。息子が着ていたのは軍服ではなくスキー服でしたが、これは戦争が始まる数年前に息子がスキーをしていて大きな事故にあった時に着ていた服でした。息子はタンスの前に置かれることのある足台のような高いものの上に立っていました。

このような状況についてわたしは、自分の子供の頃の記憶に基づいて、すぐに「落ちる」「戦死する」という意味で解釈しました。というのもわたしは二歳をすぎた頃の幼児期に、タンスの上から何かを取ろうとして（それはおそらく自分が欲しかったものでしょう）このような足台に乗って、そこから転げ落ちたことがあったからです。その時の傷は傷跡になって残っていて、今でも見ることができます。ところが夢の中でわたしが死んだと思ったこの息子は、戦争の危険の中から無事に生きて戻ったのです。

わたしはこれとは別に最近、災いを告げる夢を見ました。このささやかな講演をする決心をする直前のことだったと思います。この夢には隠蔽的な要素はあまりありませんでした。わたしはイギリスに住んでいる二人の姪のことを夢で見たのです。どちらも黒い服を着ていて、木曜日に二人が〈彼女〉を埋葬したと言いました。この〈彼女〉というのが、八七歳になる二人の母親であることはすぐに分かりました。この女性はわたしの亡くなった長兄の妻だった人です。

わたしは当然ながら、彼女の死の知らせが来るのではないかと悲痛な思いで待っていました。このように高齢の女性が急に亡くなったとしても、とくに意外なことではないからです。それでもわたしの見た夢が、実際に起きたことを告げているのであれば、それはとても残念なことであります。しかしやがてイギリスから届いた手紙によって、わたしのこの恐れは拭い去られました。

夢は願望を充足するものであるというわたしの理論のことを気遣ってくれるすべての人々を安心させるためにも、わたしはこのような死の夢の場合にも、分析によって自分のうちに無意識的な動機を示せたことを指摘しておきたいと思います。

ただしオカルト的でない多くの分野でも言えることですが、夢の内容が実現しなかったということのような経験が、「テレパシーの存在を否定するための」何らかの証明になるわけではないのだから、このような報告は価値がないという異論を提起して、わたしの講演の邪魔をしないでいただきたいと思います。そのようなことはわたしも十分に承知していますし、これらの実例を挙げたのも、何かを証明しようとする意図によるものではありませんし、皆さん(2)に何か特定のことを信じてもらおうとして、ずるいやり方を試みたわけでもないのです。たんにわたしが使っている材料には制約があることを釈明しておきたかっただけなのです。

それよりも重要に思われるのは、わたしが二七年近くにわたって精神分析の仕事を経験してきた期間において、わたしの患者が本物のテレパシー的な夢を見たと語ったことに出くわした経験がなかったことなのです。ただしわたしが治療にあたったのは重篤な神経症の患者であり、「きわめて神経過敏な」人々として典型的に分類できるような人々でした。

こうした患者のうちの多くは、それまでの人生で経験したとても不思議な出来事について、わたしに語ってくれたものです。そして彼らは神秘的でオカルト的な力というものが存在していることを信じていましたし、その信念の根拠として、そうした不思議な出来事を語ってくれたのです。患者の近親の人々の災難や病気のような事件、とくに両親のいずれか片方の死亡といった事件は、治療の間にもしばしば起きたことでしたし、そのために治療が中断されることもありました。

ところが内容からいってまさしくテレパシー的な伝達のきっかけとなるはずのこれらの偶然の出来事も、患者たちがテレパシー的な夢を見る機会とはならず、わたしにそのような夢を語ってくれたことはなかったのです。こうした患者の治療は半年や一年間も続き、時には数年にもわたりました。このようにわたしの材料にはここでも［テレパシー的な夢が欠如しているという］制約があるわけですが、そのような制約がどうして生まれたかを説明するための努力は、それを望まれる人にお任せすることにしましょう。わたしがこれからお話しする内容に関しては、このような説明を考慮に入れることはありませんし、それは皆さんにも、これから理解していただけることと思います。

皆さんは、文献に掲載されている数多くのテレパシーの夢を、どうしてこの講演のための材料として使わなかったのかと尋ねられるかもしれませんが、そのことにもわたしには少しも困惑すべき理由はありません。イギリスやアメリカの心霊研究学会から発行されている出版物は、わたしもその会員ですので思い通りに利用できますし、そうしたものから多くの材料をすぐにでも集めることができたでしょう。しかしこのような報告には、わたしたちがすぐに関心を持つような夢の精神分析的な評価の試みはまったく存在しないのです。[*1] ところが皆さんにはすぐにお分かりいただけると思いますが、わたしのこの講演の目的は、ただ一つの夢の実例があれば、十分に満たすことができるのです。

このような理由で、わたしが利用する材料はドイツに住んでいる文通相手がわたしに書き送ってくれた二つの報告だけです。わたしはこれらの報告を送ってくれた本人たちとは、個人的な知り合いではありません。しかしこの報告を送ってくれた人々はその氏名と住所を明らかにしていますし、彼らがわたしを惑わそうと企てていたと考える根拠はないのです。

一　テレパシー的な夢の最初の実例

この二人のうちの一人とは、すでにかなり前から文通を始めていました。とても親切な人物で、わたしのほかの読者たちと同じように、日常生活において観察したさまざまな事柄などをわたしに報告してくれていました。教養のある知的な人物と思われるこの男性に問い合わせたところ、わたしがこの材料を「学問的な用途で利用する」つもりであれば、自由に使って構わないと言ってくれました。彼の手紙の内容は次のようなものです。

第一の手紙

「次に書いた夢は、研究の材料としてあなたに提供する価値のある興味深いものだと思われます。

あらかじめ申し上げておかなければならないのは、わたしの娘が結婚してベルリンに住んでいて、今年の一二月の半ばに初めてのお産を迎えようとしていたということです。わたしは二度目の妻と一緒に、その時期にベルリンを訪れるつもりでした。この妻は娘にとっては継母にあたります。一一月の一六日から一七日にかけての夜中にわたしは、これまでに例のない生き生きとした鮮明な夢を見ました。妻が双子の子供を産んだ夢なのです。

まるまるとした赤い頬をした元気そうな二人の赤ん坊が、子供用のベッドに枕を並べて寝ているのを、わたしは夢の中ではっきりと見ました。赤ん坊が男であるか女であるかは分かりませんでした。淡いブロンドの髪の毛の子供は、とてもわたしに似ていることがわかり、そこに妻の特徴が混じっていました。栗色の髪のもう一人の子供は、はっきりと妻に似ていて、そこにわたしの特徴が混じっていました。妻の髪の毛は赤みがかったブロンドで、わたしは妻に、〈君の〉子供の栗色の髪の毛も、大きくなったら赤みがかってくるだろうねと言いました。妻は赤ん坊たちに乳を飲ませました。妻はやはり夢の中で、洗い物用のボウルを使ってマーマレードを煮ていました。二人の赤ん坊は四つん這いになってそのボウルの中をはい回り、マーマレードをすっかり舐めてしまいました。

これがわたしの見た夢です。夢を見ながらわたしは四回か五回は半ば目が覚めた状態になって、わたしたちに双子が産まれたというのは本当のことだろうかと自問していました。それでもわたしはたんに夢を見ただけなのだと、完全に自信を持って結論を下すことはできませんでした。目が覚めるまでこの夢はつづき、目が覚めてからもわたしの意識の中で実際の事態が確認されるまでしばらく時間がかかりました。

コーヒーを飲みながら妻にこの夢のことを話しました。すると妻はとても面白がって〈まさかイルゼも（これがわたしの娘の名前です）本当に双子を産むのじゃないでしょうね〉と言いました。そこでわたしは〈そんなことは考えられない。わたしの家系にも、Gの家系にも（娘の夫の家系です）、双子の血すじはないのだから〉と答えました。ところが一一月一八日の午前一〇時にわたしは電報を受け取りました。それは前日の午後に娘の夫がわたしに送ったもので、娘に男の子と女の子の双子が誕生したことをわたしに知らせてくれたのです。ですからわたしがちょうど妻が双子を産んだ夢を見ていた時分に、娘に双子が生まれていたわけです。この子供の出産は、娘とその夫の推定に基づいてわたしたちが予測していたよりも四週間も早かったのです。

夢の話をつづけます。その翌日の夜のことです。

わたしは亡くなった最初の妻が（娘の実の母親です）、生まれたばかりの赤ん坊を四八人も里子として引き取ったという夢を見ました。最初の一二人の子供を引き取った時点で、わたしはこれに抗議しました。

夢はこれだけです。

わたしの亡くなった妻は、とても子供好きでした。前妻はよく、たくさんの子供を産みたいとか、子供に囲まれて暮らしたいとか、子供は多ければ多いほどよいとか、自分は幼稚園の保母さんに向いていて、保母さんになれたらとても幸福だろうとか語っていました。子供の騒ぎや叫び声などは、前妻には音楽のように聞こえたのです。亡くなった妻は時折、通りにいる大勢の子供たちを自宅の中庭に呼び入れて、チョコレートやお菓子を与えて、手懐けたりしていました。ベルリンにいるわたしの娘が、子供を産んだ後で、早産であったことや双子が生まれたこと、特に男の子と女の子の双子が生まれたことに驚いて、すぐに実の母親のことを考えたのは確かだと思います。娘は母親であればこのような出来事を大歓迎して、いそいそと受け入れたはずだと知っていました。娘は頭の中で〈もしもお母さんが付き添っていてくれたら、まず何と言ったかしら〉と考えたに違いないのです。そしてわたしが亡くなった妻について、このような夢を見たわけです。わたしはこれまでは亡くなった妻について夢を見ることはほとんどありませんでしたし、最初の夢を見た後で亡くなった妻について話したこともありませんし、何かを考えながら彼女のことを思い出したこともなかったのです。

この二つの夢と実際の出来事の一致について、あなたはたんなる偶然に過ぎないと思われるでしょうか。わたしの娘は、父親であるわたしにとても懐いていて、苦しいお産の間にも、とくにわたしのことを思い出したはずです。わたしが娘と手紙をやりとりしながら、妊娠中にどのように過ごすべきかについて、何度も忠告を与えたことも、その理由となっているはずです」

フロイトの返答

この手紙にわたしがどのような返事を出したかは、おそらくすぐにお分かりいただけることと思います。この文通相手にあっても、精神分析に対する興味の中心をテレパシーについての関心が占めているのは残念なことでした。そこでわたしは彼の直接的な質問に答えるのではなく、この夢には双子の誕生についての関連だけではなく、その他にも多くのことが含まれていることを指摘しておき、わたしがこの夢を解釈できるように、できるだけの情報と思いつきを知らせて欲しいと頼んでおきました。

この依頼に応じて、文通相手は次の第二の手紙を送ってくれましたが、この手紙がわたしの願いを十分に満たしてくれるものではなかったのは明らかです。

第二の手紙

「今月二四日付のお手紙をいただきましたが、この親切なお申し出に対してこれまでご返事できず、すみませんでした。わたしは喜んで、自分の頭に浮かんだすべての連想を〈残らず、包み隠さずに〉あなたにお知らせするつもりです。ただし残念ながらそれほど多くの連想は思い浮かびませんでした。お目にかかってお話しすれば、もっと多くのことが明らかになるかもしれませんが。

さて、わたしも今の妻も、もはや子供を欲しいとは思っていません。夫婦の性生活もほとんど途切れた状態です。少なくともあの夢を見た頃には、妊娠の〈危険〉のようなものはまったくありませんでした。もちろん夫婦の間では、一二月の中旬に予定されていた娘の出産のことが何度も話題になっていました。娘は夏の頃に診察を受けて、レントゲンの検査をしてもらっています。その時に検査した医者は、生まれてくる子供は男の子だと診断しました。それでも妻は〈女の子が生まれても不思議ではないのに〉と言ったり、「生まれてくる子供はG（娘の夫の姓です）のような子供よりも、「娘の父方の実家の」Hに似た子供の方がいいわ」と言ったりしていました。

娘の夫は海軍士官でしたが、容姿は夫よりも娘の方が堂々としていて、見栄えが良かったのです。わたしは遺伝の問題を調べたことがあって、小さな子供たちを見ると、誰に似たのかと考えることが多いのです。

もう一つつけ加えておきますと、わたしたち夫婦は一匹の小さな犬を飼っています。この犬は夕食事時になると、一緒にテーブルに座ってご飯を食べます。お皿やボウルをペロペロと舐め回すのです。こうした材料が夢の中に出てきているのです。

わたしは小さな子供が好きで、これまで何度も、可愛い小さな子供を育てたいものだと語ってきました。昔よりも深い理解力と強い関心と落ち着きを持って子供を育てることができるようになったと考えているからです。ただし今の妻は、子供を理性的に育てる能力がないので、妻との間で子供を持ちたいとは思わないのです。

ところで夢の中ではわたしに二人の子供が授かったわけです。それが男の子か女の子かは分かりませんでした。今でもわたしの目に、二人の子供がベッドに寝ている様子が浮かんできて、二人の特徴を見分けることができるほどです。片方の子供はわたしに似ていますが、妻の特徴も受け継いでいます。もう一人の子供は妻に似ていて、わたしの特徴も受け継いでいるのです。妻の髪の毛の色は赤みがかったブロンドで、片方の子供の髪の毛は栗色の（赤みを帯びた）褐色です。ですからわたしは〈ほら、大きくなればこの子の髪も赤くなるだろう〉と言ったのです。

二人の赤ん坊は妻がマーマレードを作る材料を入れてかき回すのに使った大きな洗い物用のボウルの中を這いずり回って、ボウルの底も縁も舐め尽くしています（夢にでてきたことです）。

夢の中に登場したさまざまな細部についてはすぐに説明できますし、この夢そのものは、理解しがたいものでも、解釈しがたいものでもありません。ただそれが、予想に反して三週間も早かったわたしの孫の誕生と、ほとんど同時に見た夢だということ、そしてわたしたちが前もって男の子が生まれるだろうと聞かされていたことが特別なだけです。わたしが夢を見始めた時間は、正確には特定できません。二人の孫が生まれたのは夜の九時と九時一五分でしたが、わたしが就寝したのは一一時頃で、その晩にその夢を見たのです。生まれてくるのが男の子であるか女の子であるか、医者の診断に疑いを抱いていたために、夢の中で双子が登場したということも十分に考えられます。それでもわたしが双子の夢を見た時刻と、娘が予想よりも三週間も早く、予期しない時に双子を産んだ時刻とが、ほぼ一致しているという事実は残ります。

わたしが遠い場所で起きた出来事について、知らせを受ける前から気づいたのは、これが初めてのことではありません。いくつもある実例のうちの一つをお話ししましょう。この一二月に、三人の兄弟がわたしを訪ねてきました。わたしたちが一堂に会したのは三〇年ぶりのことでした。もちろん一人ずつ会うことはよくあったのですが。ただ例外となるのは父の葬式と母の葬式で、こうした機会には短い間だけ顔を合わせています。両親の死は予想されていたものですので、わたしはそれを〈虫の知らせ〉で予感したことなどはありませんでした。

ところが二五年ほど前に、満年齢でまだ九歳だった一番下の弟が、予想外に急な死を遂げたのです。郵便配達人から弟の死を告げる葉書を受け取った際に、その葉書を読む前から〈これには弟の死のことが書いてある〉という考えが頭に浮かびました。わたしを含めた彼の兄たち四人は実家を出て暮らしていましたが、末の弟だけは両親と一緒に生活していました。健康で頑健な男の子でした。

わたしたち四人の兄弟が集まった時に、この末の弟が死んだ際のわたしの経験がたまたま話題になったのです。すると残りの三人の兄弟も、誰に指図されたわけでもないのに、その当時にわたしと同じような経験をしたと言い始めたのです。彼らの経験がわたしとまったく同じものであったかどうかはもはや明らかではありませんが、三人とも予期しない弟の死の知らせが届く前に、心のうちで弟の死を確信する気持ちを抱いていたと断言したのです。

わたしたち四人は母方の家系から感じやすい性質を受け継ぐとともに、しっかりした大柄な体格も受け継いでいました。わたしたちのうちには心霊学を好んだり、オカルトに傾倒したりする傾向のある人はいません。それどころかわたしたちはこのようなことは断固として否定していたのです。三人の兄弟はみな大学教育を受けていますし、そのうちの二人はギムナジウムで教師を務めています。残りの一人は土地の測量技師で、みんな夢想家というよりは生真面目な性格の人物です。わたしの夢についてお話しできるのはこのくらいのことです。学問的な用途でわたしの夢をお使いになるのであれば、わたしとしても喜んでお使い下さいと申し上げます」

フロイトの懸念

皆さんがこの問題に対して、この手紙の書き手と同じような態度を取られるのではないかと心配になります。この夢が本当に予想していなかった双子の誕生を告げるテレパシー的な前兆の夢ではないかということに、皆さんがとくに関心をもたれ、この夢もう一つの夢も、精神分析の観点から考察しようと思われないのではないかと心配なのです。精神分析とオカルティズムが出会う時にはいつもそのような問題が生じるのであり、これはわたしが前から懸念していたことなのです。人々は精神分析に対しては、いわゆる魂のあらゆる本能によって敵対する一方で、オカルティズムに対しては不可解な共感が強く働いて、これを歓迎することが多いのです。

しかしわたしは、自分が精神分析を専門とする学者であって、オカルティズムの問題にはまったく関わらないという姿勢を取るつもりはありません。そのような姿勢を取れば、わたしがこの問題から逃げたと皆さんに思われるかもしれないので、そのようなことはしないつもりです。もしもわたしがまったく非の打ち所のないような観察によって、テレパシー的なプロセスが実在することを、自分にも他人にも確信させることができるならば、わたしにとってもとても満足できることなのです。

しかしこの夢についての情報は、そのような結論を下すにはあまりにも不十分なものです。お分かりのようにこの教養のある男性は、自分の見る夢に関心を持っていますが、お産を控えた娘と最後に会ったのはいつであるかについても、娘から最近どのような知らせを受け取っていたかについても、わたしたちに明らかにしてくれていないのです。最初の手紙では出産が一か月早まったと書かれていますが、二通目の手紙では三週間早まっただけだと書かれています。そしてどちらの手紙でも、その出産が本当に早産であったのか、よくあるように当事者の計算違いであったのかについても、まったく書かれていません。ところがわたしたちが、夢を見た本人が意識していない評価や推測が行われた可能性を調べようとすれば、この出来事についてこのような情報が必要ですし、さらにそのほかにも詳細な情報が不可欠なのです。

ただしわたしは、このような事柄について本人に問い合わせて回答がえられたとしても、それはまったく役に立たないだろうと考えざるをえませんでした。「これがテレパシーによる出来事であると」証明しようと努力している間にも、つねに新たな疑問が湧いてくるものなのです。そしてこうした疑問を解消するには、夢を見た本人に直接に尋ねながら、夢に関係する記憶のうちで、彼が重要でないと判断して無視してしまったものをすべて想起してもらう作業を行う必要があるのです。二番目の手紙の最初のところで、面談して口頭で説明した方が明らかになるだろうと述べられていますが、それはまったく正しいのです。

フロイトの方針

これとよく似た事例で、オカルト的な関心が邪魔をしていない別の事例について考えてみてください。皆さんが神経症患者を診断する際には、数か月にわたって精神分析を実施した後で、それまでその人から聞かされたことと、その人の病歴やその人の最初の診断の際に作成した病状報告を比較してみることがよくあると思います。そのように比較してみれば、さしつかえない範囲で短縮が行われているだけではなく、患者がどれほど本質的な報告を省略していたり、隠蔽したりしているか、がお分かりになることでしょう。どれほど多くの関係が、根本のところで入れ替えられていることでしょう。皆さんは治療を始めた時点で、どれほど多くの間違ったことを、どれほど多くの真実でないことを聞かされていたか、思い知らされることになるのです。

このような状況を考えてみれば、この報告された夢が、実際にテレパシーの働きによるものか、それとも夢を見た本人の特別な精密な無意識の働きであるのか、あるいはたんなる偶然の一致として片づけるべきものであるのかについて判断するのをわたしが拒んだとしても、それほど慎重すぎると考えられることはないと思います。夢を見た本人からもっと詳しい事情が聞ける機会を待ちながら、わたしたちの知識欲を満たすのはお預けにしておくことにしましょう。

わたしたちの探求が最初からこのような成り行きになるのは失望させられると思われるかもしれませんが、わたしが最初から、テレパシーの問題に光を当てるようなことは何もお話ししないだろうと申し上げたことを、忘れないでいただきたいのです。

夢の分析

これからこの夢の分析を始めたいと思いますが、分析にあたって改めてわたしは不満を述べざるをえません。夢を見た本人は、顕在的な夢の内容に関連のありそうなさまざまな連想を述べてくれてはいますが、こうした材料は十分なものではありません。これだけではわたしたちは夢を分析することができないのです。

この夢は、たとえば双子の子供たちが両親とどのように似ているかについては詳しく述べていますし、子供たちの髪の色についても、それが将来どのように変わるかについての推測も語ってくれています。しかしこの問題についてなぜこれほど詳しく語られるかという理由については、夢を見た本人がそれまで親子の間の類似や遺伝の問題に興味を持っていたという些細な説明しか示されていないのです。分析の際にはこのような事柄については、もっと深い説明を要求せざるをえないものなのです。ただしこの夢には一箇所だけ、分析的な解釈ができるところがあります。精神分析はオカルティズムとはまったく関係がありませんが、それでも奇妙なところで、精神分析がテレパシーについての考察に役立つのです。そもそもわたしが皆さんにこの夢に注目していただきたかったのは、そのためなのです。

詳しく調べてみれば、この夢が「テレパシー的な」夢と呼ばれるべきものではないことはすぐに分かります。この夢は、別の場所で同時に起きていて、夢を見ている人がまったく知識をもっていないことについては、何も教えていないのです。この夢が伝えているのは、夢を見た翌日に電報で知らされた出来事とは、まったく別のことです。夢が伝えていることと電報が伝えた出来事には、ほぼ同時に起きたということを除くと、重要な点で食い違いがあります。そしてこの二つで共通しているところは、とても興味深いものではありますが、まったく別の要素なのです。

夢の中で双子を産んだのは、夢を見た男性の妻です。しかし実際に双子を産んだのは、遠くに住む娘なのです。夢を見た男性は、この違いを見逃していませんが、この違いをうまく整理することができていません。本人が語るところでは、オカルト的な好みはまったくない人物なので、夢と実際の出来事において双子が産まれたという共通点があるのは、たんなる偶然にすぎないのだろうかと、おずおずと尋ねているだけなのです。

しかし精神分析による夢の解釈では、夢と実際の出来事にみられるこうした違いをまったく無視してしまって、どちらも同じことを意味していると考えます。この夢について語られた連想を素材として利用するならば、素材としてはわずかなものですが、父と娘のあいだには緊密な感情的な絆が存在していることがうかがえます。こうした感情の絆は、ごく自然でありきたりのものですから、恥じる必要のないものであって、生活においては情愛のこもった関心として表現されるにすぎないものです。こうした感情の絆が究極のところにまでゆきつくのは、ただ夢の中だけなのです。

父親は、娘が自分にきわめて強く依存していることを知っていますし、お産で苦しんだときには、娘がずっと自分のことを考えていただろうと確信しています。そして父親は娘の夫に、喜んで自分の娘を与えたわけではないようです。手紙ではこの義理の息子については、軽蔑的な口調で数回触れられているだけです。娘の予想された出産あるいはテレパシーによって知らされた出産をきっかけとして、無意識的な願望が、抑圧されたもののうちで働き始めたのです。すなわち父親は、娘はむしろ自分の（二番目の）妻であるべきだと感じていたのであり、この願望が夢思想を歪曲し、顕在的な夢の内容と出来事との違いを作りだしたのです。わたしたちは夢の中に出てきた二度目の妻のところに娘を置き入れて考えることができるのです。もしもこの夢についてもっと多くの材料が与えられていれば、この解釈が正しいことを確かめ、さらに深めることが必ずできたはずです。

夢についての二つの見解

さてやっとのことで、わたしが皆さんにお話ししようと思ってきた問題点に触れることができるようになりました。わたしたちはできる限りの厳格さをもって中立な立場を取ろうと努力してきたのですが、この夢について次の二つの見解を、どちらもありうることとして、ただしその正しさを証明できないこととして認めてきました。一つの見解は、夢を見た人の娘がこの瞬間に双子を産んだということを、夢を見た本人にテレパシーによって知らせてきたために、この夢を見たという見解です。

もう一つの見解は、この夢の深いところに無意識的な思考の仕事が存在していて、それはほぼ次のように翻訳できると考えるものです。すなわち「ベルリンに住んでいるわたしの娘とその夫が、わたしが以前から考えていたようにひと月だけ計算違いをしていたとすれば、今日がお産の日になるはずだ。そしてわたしの（最初の）妻がまだ生きていたならば、孫が一人ではきっとがまんできなかっただろう。だから彼女のために少なくとも双子の子供が生まれなければならない」と考えたわけです。

この第二の見解が正しいとすれば、それはわたしたちにとくに新たな問題を提起することはありません。これはほかの夢と同じように、特別な夢ではないからです。すでに述べたような（前意識的な）夢の思想に、夢を見た当人の（無意識的な）願望が加わって、わたしたちに報告されたような顕在的な夢が見られたのです。この無意識的な願望とは、二番目の妻が、本当は娘であったならば嬉しいのだがというものです。

第一の見解について

しかし皆さんが第一の見解を、すなわち娘が眠っている父親にテレパシーによって自分の出産について知らせてきたのだとする見解を採用されることをお望みであれば、そのような知らせと夢はどのような関係にあるのか、またそのような知らせが夢の形成にどのような影響を与えたのかという新しい問題が生まれることになります。

その場合にどのような答えが与えられるかはすぐに推測できることであり、しかも明白なものです。夢の形成においてはテレパシーによる知らせは一つの材料として与えられます。すなわち外部や内部からの他の刺激や、街路から聞こえてきて眠りを妨げる騒音や、眠っている人の身体的な器官から訪れるしつこい感覚と同じように扱われるのです。わたしたちが検討しているこの例では、それが抑圧されていたものの、意識にのぼろうとしていた願望に助けられて、どのようにして願望充足の夢として形成されたかは、明らかなことです。ただし残念なことに、それが同時に動き出しているほかの材料と混ざり合って一つの夢となったことを、それほど明確に示すことはできません。

このように、テレパシーによる知らせというものが現実にあるのだとしても、それは夢の形成においていかなる変化も起こすことがありません。テレパシーは夢の本質とはまったく関係のないものなのです。わたしが抽象的で高尚に聞こえるような言い回しをすることで、理論の曖昧さをごまかしていると思われては困りますので、次のことは繰り返し述べておきたいと思います。すなわち夢の本質というものは、夢の仕事によって、無意識的な願望の助けを借りて、前意識的な思考としての昼間の残滓を、顕在的な夢の内容に変えるという独特なプロセスのうちにあるのです。そしてテレパシーの問題は、不安の問題と同じように、夢そのものにはあまり関係はないのです。皆さんがこのことを認めてくださると期待していますが、それでもすぐにもっと別のテレパシー的な夢というものがあるのではないか、実際に起こった事件と夢とが完全に一致していて、夢が歪曲せずに実際の事件を再現するだけであることもあるのではないかと、反論されるのではないかと思います。

ただしわたしは自分の経験では、このようなテレパシー的な夢についてはまったく知らないのです。それでもこのような夢がたびたび報告されていることはわたしも存じています。そこでこのようなテレパシー的な夢があって、そこにはいかなる歪曲も混入も起きていないとすれば、もっと別の問題が生まれてくるのです。というのはそのようなテレパシー的な体験を、はたして「夢」と呼ぶべきだろうかという問いが生まれてくるからです。

もしも一般的な言葉遣いにならって、睡眠中に心的な生のうちで起こるすべてのことを夢と呼ぶならば、これはたしかに夢と呼ぶべきでしょう。皆さんはあるいは「わたしは夢の中で転げまわった」と語られるかもしれませんし、「わたしは夢の中で泣いていた」とか「わたしは夢の中で不安になった」といった表現は何ら不正確なものではないと考えられるかもしれません。それでも皆さんはこのような場合に「夢」というものと「睡眠」あるいは「睡眠状態」というものが区別されずに、混同されていることはお分かりになると思います。わたしたちが「夢」と「睡眠状態」を明確に区別することは、科学的な厳密さという観点からも必要なことだと思います。

メーダー[3]は、夢の仕事と潜在的な夢の思想をまったく区別しないことによって、夢に新しい機能を発見したと主張するのですが、彼のために引き起こされた混乱に匹敵するような混乱を、わたしたちが作り出して良いものでしょうか。

このことを考えると、純粋にテレパシー的な「夢」というものがあったとすれば、それは睡眠状態におけるテレパシー的な体験と名づけるべきものだと思います。濃縮や歪曲や、戯曲化が行われないような夢というものは、とくに願望の充足が行われないような夢というものは、夢と呼ばれるに値しないのです。そして睡眠中には心のうちで、「夢」と呼ばれるべき権利を認めることができない出来事がほかにも起きていることを、皆さんもご存知のことと思います。というのはその日に現実に体験したことが、睡眠中に単純に繰り返されることがあるからです。

これとは別に、「夢」の中においてその人にトラウマを与えた光景が繰り返されるという事実によって、最近わたしたちの夢の理論に修正を加える必要が生じました。普通の夢とはまったく異なる特別な性質を持つ夢が存在するのであり、この夢においては歪曲が発生しておらず、混入も行われていない状態で、昼の想像とまったく似たものとして、夜の想像と呼ぶべき夢があるのです。心のこのような産物を「夢」と呼ばないとすれば、それは困ったことになるでしょう。しかしこれらはすべてわたしたちの心の中で生まれるものであり、わたしたちの心的な生の産物なのです。ところが純粋な「テレパシー的な夢」というものは、その概念からして、外部から訪れるものを知覚するものであり、その際に心的な生は受容するだけの受動的な立場に置かれているのです。

二

第二の事例

わたしがこれからお話ししようとする第二の事例は、本来であれば別の系列に属する夢です。この夢はテレパシー的な夢というよりも、数多くのテレパシー的な体験をしてきた人物が、幼年時代から繰り返し見てきた夢です。これからご紹介するその人からの手紙には、奇妙なことがいくつも書かれていますが、わたしたちにはそれについて判断を下すことはできません。それでもそのうちのいくつかは、夢とテレパシーの関係を考えるために役立つものです。

1

「……わたしが治療をしてもらっているN先生から、ほとんど三〇年から三二年もの間、わたしの頭からどうしても離れない夢について、あなたにご報告するように勧められました。そこでわたしはこのお勧めに従うことにしたのです。わたしのこの夢が、あなたにとって学問的に重要なものであるかもしれないからです。あなたの考えでは、このような夢はごく幼い頃の性的な体験に遡って原因をみいだすことができるということですので、ここでわたしの幼年期のさまざまな記憶をお知らせすることにしました。

こうした記憶はまだわたしに強い印象を与えている経験でして、わたしの宗教的な信念を決定したほどのものです。

あなたはこの夢をどのように解釈されるのでしょうか。この夢をわたしの生活の中から追い払うことができるのでしょうか。夢を検討した結果をお知らせいただけると幸いです。この夢はまるで幽霊のようにわたしにつきまとって離れないのです。この夢を見るとわたしはいつもベッドからもがき落ちてしまい、そのために何度もかなりの怪我をしてきたので、この夢は非常に不愉快なものであり、不都合なものなのです」

2

「わたしは三七歳になりますが、とても頑健で、身体的には健康です。子供の頃に麻疹《はしか》と猩紅熱《しょうこうねつ》を患ったほかに、腎臓炎にかかりました。五歳の頃にとても重い眼炎にかかったため、後遺症として二重視になってしまいました。潰瘍の傷跡のためにはっきりと見ることができず、物の輪郭がぼやけて、どれも傾いたように見えるのです。眼の専門家の診断では、現状を変えることも改善することもできないということです。はっきり見ようとすると左の目をすぼめなければならないために、顔の左半分が上に引きつれたようになっています。ただし練習と意志の力で、細かな手仕事もすることができます。また六歳の頃に鏡を見ながら斜視を治す練習をしたので、現在では外見からすれば、眼の欠陥はほとんど気づかれないほどになっています。

ごく幼い頃からわたしはいつも孤独で、他の子供たちとは離れていて、彼らに近寄ろうとはしませんでした。この頃から幻覚があって、普通の人には知覚できないものが聞こえたり見えたりしました。わたしはそれをうまく現実と区別できないので、苦しめられました。そのためわたしはとても内気で引っ込み思案な人間に育ちました。幼い頃からわたしは、教えられるよりも多くのことを知っていたので、同年齢の子供たちとは理解し合えなくなっていました。わたしは一二人の兄弟姉妹の一番上の長女です。

六歳から一〇歳までは、町の小学校に通いました。その後は一六歳まで、Bにあるウルスラ修道女会の高等学校に通いました。一〇歳の頃に一日八時間のフランス語の補習を四週間にわたって受けたので、他の子供たちが二年もかけて学ぶ内容に追いついてしまいました。ただ反復するだけで覚えたのです。まるで以前に習ったことがあって、忘れてしまったのを思い出すかのようでした。その後ではフランス語はもはや、とくに学習する必要はありませんでした。

ただし英語はこれとは反対で、英語を学ぶのにとくに苦労はしなかったのですが、未知の言葉だと感じたのです。もっともラテン語はフランス語と同じように学ぶことができました。もともと本格的にラテン語を学習したことはなく、教会ラテン語から知っていただけですが、馴染みの言葉に思えました。

今ではフランス語の作品を読むとすぐに、フランス語で考えるようになります。ところが英語にはフランス語よりも習熟しているのですが、英語の作品を読んでも、このようなことは起こらないのです。わたしの両親は農民の出身で、数世代にわたってドイツ語とポーランド語しか話したことのない人々です。

幻覚の報告

幻覚について。時折のことですが、数瞬の間だけ現実が消えてしまって、まったく違うものが見えます。たとえば自宅にいるときに、老夫婦と一人の子供がしばしば見えるのです。こうした人が見える時には、自宅の家具もまったく違ったものになっています。

まだ療養所にいた頃に、朝の四時に女友だちの幻が、わたしの部屋に入ってくるのが見えました。わたしは激しい不眠に悩まされていたので、その時も目を覚ましていました。ランプを灯して机に向かって本を読んでいたのです。このような現象を目にするとわたしはひどく腹が立ちます。この時もそうでした。

一九一四年に弟が兵士として、戦争に出ていました。その頃わたしはBの両親の許ではなく、Chに住んでいました。八月二二日の午前一〇時頃のことです。「お母さん、お母さん」と弟の呼ぶ声が聞こえました。それから一〇分ほどすると、また同じような呼び声が聞こえました。しかし弟の姿はまったく見えませんでした。八月二四日にわたしが帰宅してみると、母がすっかり気落ちしていました。わたしがどうしたのかと尋ねると、八月二二日に、弟が戻ってきたのだと言います。その日の午前中に母は庭に出ていたのですが、弟が「お母さん、お母さん」と呼ぶ声が聞こえたのだそうです。わたしは母を慰めましたが、わたしが同じような経験をしたことは口にしませんでした。それから三週間ほど経つと弟から一枚の葉書が来ました。弟はこれを八月二二日の午前九時から一〇時の間に書いていました。そしてそのすぐ後に弟は死んだのです。

一九二一年九月二七日に、療養所にいたわたしに誰かが訪れてきたようでした。わたしと同じ部屋にいた女性のベッドを、数回にわたって激しく叩く音が聞こえたのです。わたしたちは二人とも起きていました。彼女に、ベッドを叩いたのかと聞いたのですが、彼女は何も聞いていないと答えたのです。八週間後に、女友だちの一人が二六日から二七日にかけての夜の間に死んだことを知らされました。

これはたんなる錯覚だと言われるかもしれませんが、それは見解の相違です。わたしのある女友だちは、妻を亡くした男性と結婚していますが、この男性と前妻との間には五人の子供がいました。わたしはこの男性とは、この女友だちを通じて知り合いになっていたのです。わたしが彼女の家を訪問すると、わたしがいる間はほとんどいつも一人の女性がこの家に出たり入ったりしているのが見えるのです。わたしはすぐにこの女性が彼の前妻ではないかと思いました。ある折にわたしはその前妻の写真がないかと尋ねて、彼女の写真を見せてもらいました。ただしその写真では、わたしに見えた女性が彼の前妻であるかどうかは確認できませんでした。

しかし七年ほど後に、前妻の子供のところで別の写真を見せてもらったのですが、その写真には、わたしの見た女性の特徴を示す女性が写っていました。わたしが見たのはやはり彼の前妻だったのです。写真の中の女性はとても元気そうに見えました。ただし肥満療法を受けたばかりで［まだ太っていたので］、肺病患者には見えなかったのです。これらはわたしの見た数多くの幻覚体験のごく一部に過ぎません。

夢の報告

夢。岬が見えます。周りはどこも海の水です。波が砕けて岸に打ち寄せ、また引いて行きます。岬の上に棕櫚の木が一本立っています。海の方にいくらか撓んで見えます。この棕櫚の木に腕を巻きつけている女性が、海の方にせいいっぱい身を乗り出しています。海の中に泳いでいる男性がいて、岸にたどり着こうとしています。やがてこの女性は地面に寝そべって、棕櫚の木を摑んだ左手で身体を支えながら、右手をできる限り遠くまで男性の方に伸ばしています。それでも彼には届きませんでした。

そのときわたしはベッドから落ちて目を覚ましたのです。この女性がわたし自身であることに気がついたのは一五歳か一六歳の頃のことです。わたしはこの男性を助けようとする女性の懸念に満ちた気持ちを体験したのですが、それだけでなく、時には関係のない第三者として、その場に居合わせてこれを眺めていることもありました。また夢の中で、この場面をいくつもの段階に分けて見ることもありました。

一八歳から二〇歳の頃に、男性に対する関心が生まれ、夢の中でこの男性の顔を見ようとしたのですが、どうしても見ることができませんでした。泡立つ水が隠していて、男性の後頭部と首筋しか見えませんでした。わたしは二度ほど婚約したことがありますが、夢の中の男性はその頭部や体格から考えて、婚約した二人の男性とは似ていませんでした。

ある時、わたしは療養所でもらった鎮静剤を飲んで恍惚となって寝ていました。その時にわたしは、それまで夢に登場していたあの男性の顔が見えたのです。それは療養所でわたしを治療してくれていた医者の顔でした。この医者は感じの良い人でしたが、わたしはこの人と特別な関係はありませんでした。

思い出の報告

思い出。生まれてから半年か九か月経った頃のことです。わたしは乳母車に乗せられていました。右手の方向に二頭の馬がいて、そのうちの栗毛の馬が、印象深い大きな目をしてわたしを眺めていました。これは強烈な体験でした。この馬は人間だと感じたのです。

一歳の頃の記憶。わたしは父と一緒に町の公園にいました。公園の管理人がわたしに、一羽の小鳥を握らせてくれました。小鳥の目が馬と同じようにわたしを眺めました。わたしは、この小鳥は自分と同じ生き物なのだ、と感じたのです。

自宅での殺処分についての記憶。豚がキーキーと鳴き声をあげています。わたしはいつも助けを求めて泣き声をあげて、「あなたたちは人間を殺しているのよ」と叫んだのでした。これは四歳の頃でした。わたしは肉を食べるのは拒んでいました。豚肉を見ると吐き気を催しました。戦争中に初めて肉を食べるようになりましたが、嫌々ながらのことでした。今ではもう肉食はしません。

五歳の頃。母がお産をしています。母の叫び声を聞くと、自宅で豚が殺された時と同じように、そこで動物あるいは人間が、最大限の苦しみを受けているのだと感じました。

その他の問題について

性的な問題については、子供の頃にはまったく関心を持ちませんでした。一〇歳の頃には、純潔に対する罪などというものは、まったく理解できないことでした。一二歳の頃に月経が始まりました。二六歳になって子供を産んだ後で、わたしのうちで女性という性が目覚めました。それ以前に半年ほどの間はセックスをすると、いつも激しい嘔吐を催しました。それから後でも体調がわずかでも不調になると気分が悪くなり、嘔吐が始まりました。

わたしには人並み外れた観察能力があり、鋭い聴力がそなわっています。嗅覚も同じように発達しています。目をつぶっていてもその人の匂いだけで、知人を大勢の中から嗅ぎ分けることができます。

わたしには他の人が見えていないものが見えたり、聞こえていないものが聞こえたりしますが、それは自分の病的な性質のためではなく、他の人よりも繊細な感覚がそなわっているからであり、思考による連合の能力が迅速に働くためだからだと考えています。ただしこれについてはわたしの宗教の先生と、医者の先生としか話したことはありません。この医者の先生と話す時にも、とても嫌々ながら話したのです。こうした能力はわたしには好ましいものだと思えたのに、他の人からそれを好ましくないものだと指摘されるのが怖かったからですし、若い頃によく誤解されたのでとても臆病になっていたためです」

フロイトの解釈

この手紙を書いてきた女性が解釈を求めている夢を理解するのは難しいことではありません。これは水の中から人を助ける夢であり、典型的な出産の夢なのです。ご存知のように、象徴的な表現の言語には、文法というものがありません。象徴的な表現は極端なまでに不定詞だけを使った言語のようなものであり、同じイメージによって能動態も受動態も表現されるのです。

夢の中で女性が男性を水の中から引き上げるとか、引き上げようとする場合には、それはこの女性がこの男性の母親になりたいことを意味する場合があります。［旧約聖書でエジプトの］ファラオの娘がモーセにしたように、その男性を自分の息子として認知することを意味するのです。あるいはこの女性がこの男性によって母親になりたいと願っている場合もあります。あるいはこの男性とそっくりで、この男性と同一視することができるような息子を産みたいということを意味することもあります。

この女性がしがみついている木の幹は、直立しておらず、水面に向かって傾いていますが（夢の中では〈撓んで見えます〉と表現されています）、それでもこれがファルス［男根］を象徴することはすぐに分かります。以前これと同じような夢を見た女性が、波が寄せて砕けて引いていくのは、断続的に押し寄せてくる陣痛作用の比喩であることに気づいていました。この女性はまだ出産したことがなかったので、出産の際に経験する陣痛の性格をどのように知ったのかと尋ねてみますと、陣痛というのはある種の疝痛のようなものだと想像していますと答えました。これは生理学的には非の打ちどころのない正しい答えです。さらにこの女性はこれとの連想で、［グリルパルツァーの悲劇作品の］『海の波、恋の波』の名を挙げました。

わたしたちに夢の報告をしてきたこの女性が、これほどの若さでどのようにして岬や棕櫚の木などの象徴を巧みに配置できたのかは、むろんわたしには分かりません。ところで忘れてはならないのは、何年も同じ夢を見ていると主張している人に尋ねてみると、その同じ夢というのが隅々まで同じものではないことが明らかになることが多いということです。夢の中核の部分だけはいつも同じなのですが、内容の細かな部分は修正されたり、新たにつけ加えられたりすることが多いのです。

この明らかな不安夢が終わると、夢を見ていた女性はベッドから落ちます。これはまたしても分娩を表しています。高所恐怖症の人が恐れるのは、自分が窓から飛び降りようとする衝動に動かされるのではないかと不安を感じるからだということは、精神分析の研究によって明らかにされていますし、皆さんも同じ結論に達しておられると思います。

それではこの夢を見た女性が、その人の子供を産みたいと考えている男性、あるいはその人とよく似た息子の母親になりたいと考えている男性は誰なのでしょうか。夢の中で彼女は何度もその人の顔を見ようとしていますが、見ることはできませんでした。この男性の正体は不明のままにしておかなければならないようです。しかしわたしたちは無数の分析の経験から、このような隠蔽が何を意味しているかをよく知っています。そしてわたしたちが想像したことの正しさは、この女性の別の告白によって保証されています。

彼女は鎮静剤を飲んで恍惚状態になっている時に、夢の中の男性の顔が療養所の医者の顔であることに気づいています。この医者は彼女の治療を担当していたのですが、彼女の意識的な感情生活においては、特別な意味のある人物ではありませんでした。

このようにしてもともとの男性が誰であるかは明らかになっていないのですが、「転移」によって作られたこの男性の複製の像から逆に遡ってたどっていけば、それがかつては父親であったことが結論できるのです。フェレンツィはかつて、わたしたたちの分析によるこうした推論の正しさを示す貴重な証拠として「途方に暮れている人の夢」をあげていますが、これは正しかったのです。夢を見たこの女性は一二人の子供たちのうちの長女です。彼女が憧れている父親の子供を母親が身ごもった時に、それが彼女でなかったことで、彼女はどれほどの嫉妬と失望の苦しみを繰り返し味わったことでしょうか。

わたしたちが分析している夢を見た女性は、幼い頃から繰り返し見ているこの夢を解釈するためには、幼少の頃の記憶が大切に違いないと考えたのですが、これはまったく正しかったのです。一歳になる前の最初の記憶では、彼女は乳母車に入れられていました。彼女の側に二頭の馬がいて、片方の馬が彼女を大きな眼で見つめていました。これは彼女にとても強い印象を与えたため、本人もきわめて強烈な体験であったと語っています。彼女はこの馬は、人間に違いないと感じたのです。

ただしわたしたちが彼女のこの体験をすんなりと受け入れることができるのは、この二頭の馬が夫婦を、すなわち父親と母親である場合にかぎります（こうしたことはよくあることなのです）。あたかも幼児期のトーテミズムが急に彼女を訪れたかのようです。この手紙を書いた女性と会って話ができれば、わたしたちは彼女に次のように尋ねることができるでしょう。彼女をそれほど人間らしい目で見つめたこの栗毛の馬のうちに、この栗色という肌色の特徴によって、父親の姿をみいだすことはできないのでしょうか、と。

二番目の思い出は、このような「相手の気持ちが分かるような眼差し」によって、最初の思い出と連想によって結びついています。しかし精神分析者というものは先入観を持っているものですから、小鳥を〈手に握った〉ということを聞くと、この夢の特徴として、この女性の手が握ったものが、ファルスの別の象徴であることと考えたくなるのです。

ここで語られている次の二つの思い出はたがいに結びついたもので、前の二つの思い出ほど解釈が難しくはありません。母親の出産時の叫び声が、以前に自宅で豚を殺した時の鳴き声を直接に思い出させたのであり、彼女は激しい同情の思いに駆られたのでした。さらにここには、彼女が母親の死を望む悪意に満ちた願望を抱いていることに対して、激しい反動が生じていると推測することもできます。

このような父親に対する愛着と、父親との性器的な接触と、母親の死を願う願望によって、この女性のエディプス・コンプレックスの輪郭が描かれているのです。彼女が長い間、性的な問題について無知であったことと、その後に不感症であったことは、このような前提条件に合致するものです。わたしたちに手紙を送ってくれたこの女性は、潜在的なヒステリー性の神経症にかかっているのであり、時には実際にそのような疾患を発病していたのです。

彼女の生命力が、彼女に夢中で幸福を求めさせ、女性としての性的な感覚を目覚めさせ、母親としての幸福を味わわせ、収入を得られるようなさまざまな能力を習得させたのです。しかし彼女のリビドーのある部分はまだ、幼児期に固着した場所からまったく離れておらず、彼女は相変わらず同じ夢を見つづけています。その夢では彼女が近親姦的な対象選択をしたことで、彼女をベッドから転げ落ちさせて、「かなりの怪我」を負わせて、彼女を罰しているのです。

その後の体験のきわめて強い影響によっても解明できなかったことを、彼女は知り合いでもない医者のわたしに、手紙だけで分析するように求めているのです。長い期間にわたって彼女を本格的に分析してみれば、それは可能かもしれません。そのようなわけでわたしは彼女に、彼女の病気は父親への強い感情的な結びつきが後遺症のような働きをし、それに伴う母親との同一化のために発生したものであるのは確かであると考えられること、ただしわたし自身は、このように解説したところで、彼女の病を癒すには役に立たないだろうと考えていることを、手紙で伝えるだけで満足しなければなりませんでした。神経症が自発的に治癒した場合にも、何らかの傷跡のようなものが残ることが多いのであり、そうした傷跡がときおり痛むことも多いのです。わたしたちは精神分析という技術を非常に誇りにしていますが、精神分析によって神経症を治療した場合にも、痛みを発する傷跡を残すことが避けられないこともあるのです。

彼女の思い出について

ここでしばらくの間、彼女が語った一連の小さな思い出に注目することにしましょう。以前わたしは、このような幼児期の光景は「隠蔽記憶」と呼ぶべきものであること、成長した後のある時期に探し出されて、組み立てられたものであって、想起される際に偽造されることも多いことを指摘したことがあります。このような後になってからの偽造が何の役に立っているかが明らかになる場合もあります。この女性の場合には、この女性の自我がこれらの一連の思い出を作り出すことで、次のようなことで得意になったり、自分を宥めたりしていることが読み取れるのです。「わたしは幼い頃からとくに気高く、思いやりのある人間だった。幼児の頃から動物たちが人間と同じような魂を持っていることを認識していたし、動物たちに対する残酷な行為には耐えられなかった。肉欲がもたらす罪とはずっと無縁であり、後々まで純潔を守っていた」

彼女はこのように主張することで、わたしたちが精神分析からえられた経験に基づいて、彼女の幼少期について立てざるをえない仮説を、声高に否定するのです。わたしたちの仮説では彼女のうちに、ごく初期から性的な興奮が満ちていたこと、そして母親と弟や妹に対する激しい憎悪による興奮が満ちていたことを推定しています。ちなみに小鳥には、性器的な意味が与えられているだけではなく、あらゆる小さな動物と同じように、小さな子供の象徴の意味を持つことがあります。そして彼女の記憶は、小さな生き物が彼女と同じような権利を持っていることを、きわめて執拗なまでに主張しているのです。

この短い一連の思い出は、心のうちで形成される二つの局面が示されたものとして興味深いものです。これらの記憶は表面的に観察するならば、多くの記憶について指摘できるように、道徳的なものと結びついている抽象的な観念を表現しているので、H・ジルベラー[4]の言葉を借りれば、「神秘的な」内容を持っているのです。

しかしこうした思い出についてさらに掘り下げて分析してみれば、それは抑圧された欲動生活に含まれる一連の事実を示していることが分かります。それは「精神分析的な」内容を持っているのです。

皆さんもご存知のように、ジルベラーはわたしたち精神分析者に対して、人間の魂のうちには高貴なものに関わっている部分があることを忘れないように警告した最初の人々のうちの一人です。そして彼はすべての、あるいは大部分の夢にはこのような二重解釈が可能であること、平俗な精神分析的な解釈の上に、それを覆うような形で、もっと清らかで神秘的な解釈を行うことができることを主張してきました。しかし残念ながらこの夢ではそのような解釈はできません。むしろその反対なのです。このような重層的な解釈は、ごく稀にしか成功しないものです。わたしはこのように二通りに解釈した夢の分析の有益な実例が発表されたということは、確認していないのです。

それでも皆さんは、わたしたちの患者たちが分析の治療を受ける時に語ってくれる一連の連想について、このような二通りの解釈が可能であることをかなりひんぱんに観察することができるでしょう。次々に思い浮かんでくる思いつきが、一方では一続きの連想によって明確に結びついているのですが、他方ではこうした思いつきのすべてに同時に結びついたテーマが、もっと深いところで秘密のうちに隠されていることが分かるはずです。このような同じ一連の思いつきのうちに二つの有力なテーマが対立する場合には、それをつねに高尚で神秘的なテーマと、低俗で精神分析的なテーマの対立であると考えうるとは限らないのです。むしろ怪しい、テーマとまともなテーマ（またはその中間のテーマ）との対立と考えた方がよい場合があるのです。このことから皆さんは、一つの連想の集まりが二重に規定されている場合には、どのような動機がそれを成立させているかをすぐに理解できるようになるのです。

わたしたちが分析しているこの実例では、神秘的な分析と精神分析的な分析がこれほど鋭く対立しているのは、偶然なことではありません。この二つの分析は同一の素材に関わるものなので、後の段階で出てくる傾向は、欲動の動きを否認し、それに対抗するために作りだされた反動形成の傾向なのです。

それではわたしたちはなぜ、手っ取り早い神秘的な解釈で満足せずに、精神分析的な解釈をしようと努力するのでしょうか。それにはさまざまな背景があります。まず、神経症のような病気が存在すること、そしてこのような病気について説明することがどうしても必要とされるという事実が指摘できます。さらに美徳というものは、その起源からして、人間を幸福にし、生命力を強めてくれるものであるとわたしたちは期待しがちであるのに、そのような結果を生み出すことはないという事実も、こうした解釈をわたしたちが求めることの背景になっているのです。わたしたちが分析している夢を見た人物も、その美徳によって正当に報いられることはありませんでした。しかしこれらの問題についてここで皆さんに詳しくお話しする必要はないでしょう。

テレパシーについて

わたしたちは、分析しているこの事例について関心を持ったのがテレパシーという要因だったにもかかわらず、それについてこれまではまったく無視してきました。このテレパシーの問題をこれから検討してみましょう。

この女性の場合には、最初にお話ししたGさん［正しくはHさん］の場合よりも解釈が容易です。ごく若い頃から、やすやすと現実を目の前から消滅させ、現実があった場所に空想の世界を置き換えることができるような人物であれば、自分のテレパシー的な体験と「幻覚」を神経症と一緒にして、それらを神経症から導き出そうとする誘惑を、きわめて強く感じるものなのです。ただしわたしたちはこの事例の解釈についても、それほど説得力があると思い違いをしてはなりません。ただ理解しがたいことや分かりにくいことを説明するために、理解可能な道筋を示すことができるだけなのです。

一九一四年八月二三日の午前一〇時に、この手紙を書いた女性は、戦場にいる彼女の弟が大きな声で「お母さん、お母さん」と叫んだというテレパシー的な知覚を受け取りました。この現象はひたすら聴覚的なもので、そのすぐ後でふたたび繰り返されました。その際に彼女は何も見ていません。

二日後に彼女は母親と会ったのですが、その時に母親がやはり、弟が大きな声で「お母さん、お母さん」と叫んで、自分のところに戻ってきていることを告げるのを聞いて、ひどく気落ちしていることを知りました。これを聞いた彼女はすぐに、自分も同じ時刻に弟からテレパシー的な知らせが届いたことを思い出しました。そして実際に数週間の後になって、弟である若い兵士が、彼女が示しているその時刻に死んでいたことが確認されたのです。

このことは立証できるものでも、正しくないと否定できるものでもありません。しかしその経緯は次のようなものだったかもしれません。ある日のこと母親が彼女に、自分の息子がテレパシーによって自分のところに戻ってきたと告げたとします。すると彼女は、自分も同じ時刻に同じ経験をしたのだという確信を抱くようになったのです。

このような記憶の錯覚は、否定しがたい強さで現れるものであり、記憶の錯覚のその強さは、現実から手に入れたものです。ただし心的な現実を物質的な現実に変えてしまっているのです。この記憶の錯覚はきわめて強いものであって、そのことはこの弟の姉である手紙を書いた本人が母親と同一化する傾向が強いことによって生まれたものであることがはっきりと示されています。「お母さん、あなたはあの子のことを心配していると言いますけれど、もともとあの子の母親はわたしなのですよ。ですからあの子はわたしに向かって叫んだのです。そこでわたしもあの子からテレパシー的な知らせを受け取ったのです」

もちろんこの女性はわたしたちのこのような説明の試みを断固として拒絶するでしょうし、そのような知らせを受け取ったという自分の体験について、確信をもちつづけるでしょう。しかし彼女にはどうすることもできないことなのです。無意識的な前提のもつ現実性についての知識がないかぎり、彼女は病理学的な結果の示す現実性を信じなければならないのです。そして個々の妄想の強さと強固さは、無意識的な心的な現実性から生まれたものであることに由来するのです。またここでは、母親が息子からテレパシー的な知らせを受けたという経験について判断することも、母親のそのような体験がそもそも事実であるかどうかを調査することも、必要ではないことを指摘しておきたいと思います。

手紙を書いた女性にとっては、亡くなった弟は、空想の上で自分の息子であるだけではありません。弟は生まれた時から、彼女にとってはライバルであり、彼女から憎まれていたのです。

さらに無数のテレパシー的な予感においては、ある人の死や死の可能性が暗示されていることに注目しましょう。わたしたちから分析を受けている患者たちは、不吉な予感がたびたび訪れることや、そうした予感が正しかったことなどをよく訴えるものです。そしてこうした患者たちは誰もが、無意識のうちで、自分の親兄弟たちが死ぬことを望む非常に強い願望を意識せずに抱いていたのであり、彼らはそうした願望をずっと抑圧していたことを、わたしたちはいつものように証明することができるのです。

一九〇九年にわたしは「強迫神経症の一症例に関する考察」という論文で、ある患者の分析を報告しましたが、この患者がその好例でした。この患者は身内の人々の間で、「人々の死を告げる」骸鳥《むくろどり》と呼ばれていました。この患者は機知に富んだ愛すべき人物で（彼もその後に戦死しました）、回復しかけた頃に、彼の心理学的な手品の種明かしをするわたしの作業の手助けをしてくれました。

分析した一人目の文通相手は手紙で、彼と三人の兄弟たちは末の弟の死についての知らせを、心の中では「テレパシー的に」すでに知っていたと語られていますが、これについても同じように解釈することができるでしょう。兄たちは誰もが、一番下に生まれた弟が余計者であるという確信を、心の中でそれぞれ育てていたのでしょう。

わたしたちの夢の主人公である女性のもうひとつの「幻覚」については、分析によってえられた洞察で、理解がたやすくなるかもしれません。彼女の女友だちは、彼女の感情生活において大きな意味を持っていました。そうした女友だちの一人が死んだ時に、療養所で彼女が居室をともにしている女性のベッドを夜中にコツコツと叩くことで、自分の死を前もって知らせたということです。

この女友だちは何年も前に、五人も子供のいるやもめの男性と結婚していました。彼女がこの女友だちの家を訪問した時には、いつもある女性の幻影が見えたのでした。そして彼女は、この女性の幻影は男性の前妻であると推測せざるをえなかったのですが、その時点ではこのことを確認することができませんでした。ところが七年後になって、この前妻の写真が新たに発見されて、このことが確認されたのでした。

このような幻影を見る彼女の能力は、彼女のうちにある周知の家族コンプレックスによるものであり、自分の弟の死についての彼女の予感と同じくしっかりと結びついたものです。彼女がこの女友だちと自分を同一視していたとすれば、彼女がこの女友だちのうちに自分の願望の充足をみいだしたとしても不思議ではありません。というのも子供の多い家族の最年長の娘は、誰でも無意識のうちで、母親が死ねば自分は父親の第二の妻になれるという空想を紡いでいるものだからです。母親が病気になったり死んだりすれば、一番上の娘は当然のように、他の兄弟姉妹に対しては母親の身代わりになり、父親に対しては妻の仕事の一部を担うことが許されるのです。そして無意識的な願望がそれに他の要素をつけ足すのです。

結論

さて皆さんにお話ししようと思ったことはほぼ話し終わりました。ここで論じたテレパシー的な知らせや能力についての実例が、エディプス・コンプレックスに含まれる興奮と結びついているのが明らかであることを指摘できると思います。これは奇妙なことと思われるかもしれませんが、とくに大きな発見ではありません。

むしろ最初の夢の分析によってえられた結果について、もう一度触れたいと思います。テレパシーは夢の本質とはまったく関わりがありません。またこれによって、夢についての精神分析的な理解を深めることもできません。反対に精神分析的な解釈によって、テレパシー的な現象の理解しがたいところが理解できるようになるのであり、そのほかの疑わしい現象についても、それがテレパシー的な性質の現象であることを示すことによって、テレパシーについての研究を促進することができるのです。

テレパシーと夢との密接な関係についてもう一つ指摘しておくべき点は、睡眠状態がテレパシーにとって好都合であることは確かだということです。もちろんテレパシー的な事象が起こるためには、それが知らせによって生まれたものであるか、無意識的な働きによって生まれたものであるかを問わず、睡眠状態が絶対に必要な条件ではありません。このことがよくご理解いただけないのであれば、私たちが分析した第二の事例において、午前九時と一〇時の間に、自分が戻ってきたことを母親に告げた息子の例を考えていただければお分かりのことと思います。

しかしここで指摘しておかなければならないのは、実際に起きた事件と、それを告げる予感や知らせが、天文学的に同じ時刻でなかったという理由で、テレパシー的な観察に異議を唱える権利は誰にもないということです。テレパシー的な知らせは実際に事件と同じ時刻に伝えられていたにもかかわらず、次の夜になって本人が睡眠状態に入ってから、あるいは目覚めて生活している時でも、しばらくして活発な精神活動が一段落した後になってから、初めて意識がそれを知覚するということは大いに考えられることだからです。要するにわたしたちも、睡眠状態になって初めて夢が形成され始めると考えているわけではないのです。潜在的な夢の思想は一日中ずっと準備されていて、夜になってから初めて無意識的な願望と結びつき、この願望によってその夢の思想が変形されて、夢が形成されるのかもしれないのです。

しかしテレパシー的な現象が、無意識の働きであると考えるならば、何も新しい問題は発生しません。その場合にはテレパシーにはごく当然のこととして、無意識の心的な生を支配する法則を応用することになるでしょう。

あるいはわたしのこの講演は、オカルト的な意味でのテレパシーが実在するものであることをこっそりと裏づけるものと思われたかもしれません。そうであれば、そのような印象を与えるのを避けることが非常に困難であることは、とても残念なことです。というのもわたしはほんとうに中立的な立場に立とうとしたのです。それにはわたしなりに十分な理由があります。わたしはこれについては判断がつかないのであり、どう考えてよいかまったくわからないのです。

原注

＊1　すでに名前を挙げたW・シュテーケルの二つの論文、『テレパシー的な夢』（ベルリン、出版年明記なし）および『夢の言語』（第二版、一九二二年）には、いわゆるテレパシー的な夢に対する精神分析技術の応用の萌芽のようなものが見られる。著者はテレパシーが存在すると信じていると表明している。

訳注

（1）この文章は詳細は不明であるが、フロイトが精神分析の医師たちを対象とする講演の草稿として書かれたものらしい。文中で「皆さん」という呼び掛けは、精神分析医たちへの語りかけである。

（2）この「皆さん」という語りかけについては、訳注（1）を参照されたい。

（3）アルフォンス・メーダー（一八八二〜一九七一）はスイス生まれの精神医学者で、精神分析研究者。最初はフロイトと協力して研究していたが、後にユングに接近した。フロイトが指摘している論文は、「夢の機能について」（『精神医学・精神病理学研究年鑑』第四巻、一九一二年）。

（4）ヘルベルト・ジルベラー（一八八二〜一九二三）はウィーンの精神分析学者。夢の分析理論で名高い。象徴理論はユングから高く評価された。フロイトは後にジルベラーの理論を神秘的な傾向が強すぎると、批判するようになる。

第二部　夢の理論への補足

夢の理論へのメタ心理学的な補足[*1]（一九一七年）

病的な感情作用の正常な原型とでも呼ぶことができるような特定の状態と現象を集めて比較してみれば、わたしたちの研究にとって非常に有益なものであることを、わたしたちはさまざまな機会に学ぶことができる。こうした病的な感情作用としては喪の仕事や惚れ込みなどの感情状態が挙げられるが、睡眠状態や夢の現象もこれに含めることができる。

睡眠状態の特徴

人間は夜になると、自分の肌を覆っていた衣服を脱ぎ捨てるし、身体の器官の機能を補って身体的な欠陥を隠してくれていた眼鏡やかつらや入れ歯といった道具なども取り外すものだが、わたしたちはこのことについてそれほど思いを巡らしたりはしない。それと同じように眠りに入る時にも、自分の心を覆っていたものを脱ぎ捨て、心のうちで獲得していたさまざまなものもほとんど諦めて投げ捨てるのである。このようにして人間は次の［身体と心の］二つの観点から見て、自分が発達を遂げる前の生まれ落ちた状況にきわめて近づくのである。

身体的には眠るということは安静状態が維持され、温かさと刺激からの保護という条件が満たされることによって、母胎のうちにとどまっていた状態がふたたび活性化されることを意味する。実際に多くの人は眠っている時に、かつての胎児のような姿勢に戻るのである。

また心的には睡眠状態は、周囲の世界からはほとんど完全に撤退するのであり、周囲の世界へのあらゆる関心は停止されるのである。

二種類の時間的な退行

精神分析によって精神神経症のさまざまな状態を調べていると、こうした状態にはどれもさまざまな程度で、個人の発達における以前の状態に後戻りする時間的な退行という現象が存在していることを指摘したくなる。このような時間的な退行は二つに分類できる——すなわち自我の発達における退行とリビドーの発達における退行である。睡眠状態にあってはリビドーの退行は、原初的なナルシシズムの発生段階にまで遡り、自我の発達における退行は願望が幻覚によって成就される段階にまで遡るのである。

夢とナルシシズム

睡眠状態の心的な特徴は、もちろん夢を研究することによって明らかにされてきた。夢において登場する人物は、眠っていない者として登場するのであるが、それでもこの夢において眠りというものの特性が、わたしたちに明かされずにはいないのである。わたしたちは夢を観察することで、夢のいくつかの特徴を明らかにすることができた。これらは最初は理解しがたいものであったが、今ではいくらか努力すれば、整理して理解することができるようになった。このようにしてわたしたちが確認したのは、夢というのはまったくエゴイスティックなものであって、夢の場面において主役を演じている人物は、つねに夢を見ている本人であるということである。

このことは今では睡眠状態におけるナルシシズムという観点から理解できるように

なっている。ナルシシズムとエゴイズムにはいくつかの共通点がある。「ナルシシズム」という言葉そのものが、エゴイズムというものがリビドー的な現象であるということを強調しているのであり、あるいは言葉を変えれば、ナルシシズムはエゴイズムをリビドー的に補足するものにすぎないのである。

あるいは一般に謎めいたものと認められている夢の「診断学的な」能力というものも、これと同じようなものとして理解することができる。この能力のおかげで、夢の中では目覚めている時よりもはっきりと、しかも明確に身体の病の始まりを察知することができるようになる。睡眠中にあってはこれから起ころうとしている身体感覚のすべてが、法外なまでの大きさで現れるためである。このように身体感覚が巨大なものとして示されるのは、心気症的な性質のものと考えることができる。睡眠中にあっては、外界に向けられるべき心的な備給がすべて自我のもとに引き上げられてしまい、覚醒している時にはまだしばらくは気づかれなかったような身体的な変化が、それによってごく早い時期に感知できるようになるのである。

このようにして夢はわたしたちに、何か眠りを妨げようとしていることが起きていることを教えてくれる。そして夢はわたしたちに、このような妨害を防ぐためにどのような対策が取られたかについても、洞察できるようにしてくれている。要するに眠っている人は夢を見ることによって、眠りつづけることができるのである。眠っている人を揺り動かして目を覚まさせるような内的な要求の代わりに、すでにその要求が満たされてしまったような外的な行動を夢見させる。要するに夢は一つの投射であり、内的なプロセスが外化されることによって夢を見るのである。

わたしたちはすでにこの投射というプロセスを別のところで、防衛の一つの手段として考察してきた。ヒステリー性の恐怖症のメカニズムの心髄は、内的な欲動の要求を実現するのを避けるために、「それがあたかも外的な危険から来たものであるかのように」外的な危険から逃避しようとするかのように行動することで、個人が自らを防衛することにある。ただし投射について詳しく説明するのは、このメカニズムが重要な役割を果たしているナルシシズム的な感情を分類できるようになってからのことにしたいと思う。

眠りを妨げるもの

しかし眠ろうとする意図が妨げられるようなことはどのようにして起こるのであろ

うか。このような妨害は内的な興奮によるものか、外的な刺激によるものである。わたしたちは内的な妨害という、興味深いが見通すことの難しい問題について検討してみることにしよう。これまでの経験から、夢を引き起こすのは、昼間の残滓であることが明らかになっている。睡眠状態においては一般に備給が内部に撤収されるものであるが、それにもかかわらずリビドー的な関心やその他の関心を維持しつづけるような思考備給が存在するのであり、これが昼間の残滓となって夢を作りだす。

ということは眠りのナルシシズムがこれについては例外を認めているということであり、これによって夢が形成されるということである。わたしたちは分析することによってこの昼間の残滓を潜在的な夢思想として確認することができる。このような昼間の残滓はその性格からしても、それが生まれる状況からしても、前意識的な表象であるか、前意識の体系に属するものと考えなければならない。

昼間の残滓の備給の源泉

夢の形成についてさらに解明をつづけるためには、いくつかの困難な問題を解決しなければならない。睡眠におけるナルシシズム的な状態のために、無意識的な対象表象も、前意識的な対象表象も含めて、あらゆる対象表象から、備給が撤収される。そこで特定の「昼間の残滓」に備給が行われたままでありつづけるとしても、夜の間に、意識の注意を引きつけるほどの大きなエネルギーを獲得しつづけると想定するのはなかなか難しいことである。むしろ昼間の残滓のうちに残されている備給の大きさは、昼間の間にそれに与えられていた備給の大きさと比較すると、はるかに小さなものであると考えたくなる。精神分析によって、昼間の残滓が夢を形成する役割を果たすためには、無意識の欲動の動きという源泉から、新たな備給を受け取って強化されていなければならないはずだということが示されたのであり、精神分析のおかげで、わたしたちは思弁的な考察をつづける必要はなくなるのである。

Vbw［前意識］とUbw［無意識］の間に存在する検閲機構の厳しさは、眠っている間はごく弱いものになっていて、この二つの系の間の交通がかなり容易になっていると想定しなければならないため、このように仮定することはさしあたりは困難なことではない。

この想定の難点と新たな仮説

ただしここで別の疑念が生じてくる。もしもナルシシズム的な睡眠状態において、無意識と前意識のあらゆる備給が回収されるのだとすると、前意識的な昼間の残滓が無意識の欲動の動きから、備給を受け取って強化されるということは考えられなくなる。無意識の欲動の動きは、その備給を自我に譲り渡してしまっているからである。ここで夢形成の理論は矛盾に陥ることになる。これを避けるためには睡眠状態におけるナルシシズムという仮説を修正しなければならないだろう。

いずれ示すように早発性痴呆症の理論においても、そのような限定的な仮説を想定せざるをえない。この仮説によると、Ubw［無意識］系に含まれる抑圧された部分は、自我から生み出された睡眠への願望に従うことなく、与えられた備給の全体あるいは一部を維持し、抑圧の結果として、自我からのある程度の独立性を作り出していると考えられる。その場合には、欲動のもたらす危険に対処するために、夜の間を通じて、ある程度の抑圧の支出（対抗備給）を維持しつづけなければならなくなる。ただし睡眠中であるから、感情の放出と運動性のために必要なすべての通路が利用できなくなっているため、必要とされる対抗備給量はかなり小さくなっているはずである。

夢形成の状況

わたしたちは夢が形成される状況について、次のように想定することができる。眠りたいという願望によって、自我から送り出されたあらゆる備給は自我のもとにすべて回収されており、絶対的なナルシシズムを作り出そうと試みることになる。しかしこの試みは部分的にしか成功しない。Ubw〔無意識〕系のうちに抑圧されたものが、眠りたいという欲望に逆らうからである。このようにして対抗備給の一部がしっかりと維持され、Ubw〔無意識〕とVbw〔前意識〕の系の間の検閲機構は、その力を弱めながらも存続することになる。自我の支配が及ぶところでは、すべての系から備給が空《から》にされなければならない。Ubw〔無意識〕の欲動の備給が強ければ強いほど、眠りは不安定なものになるだろう。極端な場合には睡眠の間に抑圧された動きが解放され、それがあまりに強いために自我がこれを抑制することができなくなって、眠りたいという願望を放棄することも考えられるのである。言い換えれば自我は、自分の夢を恐れるあまり、眠ることを放棄するのである。

わたしたちはいずれ、このような抑圧された動きが自我に服従しないというこの仮説がどのような重要な帰結をもたらすかについて、考察することになろう。ただしここでは夢の形成状況についての考察をつづけることにしよう。

わたしたちはこれまで、前意識的な昼間の残滓が抵抗して、その備給の一部を手放さない可能性について検討してきたのであるが、これはナルシシズムにおける第二の破綻とみなすべきものであろう。ナルシシズムにおけるこれらの二つの破綻は、根本的には同じものである。昼間の残滓が示すこのような抵抗は、覚醒時の生活においてすでに無意識的な動きとの結びつきが存在していたために生まれたものであるか、あるいはいささか複雑なプロセスになるが、睡眠状態において、Vbw［前意識］とUbw［無意識］との間の交通が容易になっているために、備給が完全に空にされていなかった昼間の残滓が、抑圧されたものと関係を結ぶようになることで生まれたものと考えられる。

いずれにしても夢の形成のために決定的な前進が実現されたことになる。前意識的な夢を見たいという願望が生み出され、これが前意識的な昼間の残滓を材料として使いながら、無意識の動きに表現を与えるのである。

夢を見たいというこの願望は昼間の残滓とは明確に区別しなければならない。この願望は覚醒している時点においては存在しえなかったはずであり、あらゆる無意識的なものが意識的なものに翻訳された時に現れる非合理的な性格をすでに示しているのである。また夢を見たいという願望は、前意識的な（潜在的な）夢思想のもとにあったはずの（ただし必ずしもそうであるとは限らない）欲望の動きとも明確に区別しなければならない。ただしこのような前意識的な願望が存在していれば、夢を見たいという願望はこうした前意識的な欲望を強化するものとしてつけ加えられることになろう。

欲動の動きのたどる三つの道

ここで問題となるのは、Vbw［前意識］において夢を見たいという願望として、すなわち願望が充足されたという空想として形成されていた願望の動きは、その本質からして無意識的な欲動の要求を代表するものであったのであり、それがその後はどのような運命をたどるのかということである。この欲動の動きについて考察してみれば、次の三つのいずれかの道によって、それは実現されることになる。

第一の道はVbw［前意識］から意識へと進む道であり、これは覚醒した生活において は普通の道である。第二の道はBw［意識］を迂回して、直接に運動によって発散される道筋である。第三の道はわたしたちが実際に観察することによって確認することができるものであり、これについてはわたしたちはまだよく理解できていない。

第一の道においてはこの欲動の動きは妄想的な観念を形成するものであり、この妄想において願望が充足されることになる。ただしこれは睡眠状態においては決して起こらない。このプロセスは心的な状態についてのメタ心理学的な条件としてはほとんど知られていないものであるが、これは一つの系を空にしてしまうと、そこに刺激が加えられてもほとんど応答がないことをわたしたちに示唆するものと考えることができる。

第二の道は直接に運動によって発散するものであるが、これは同じ原理によってありえないものとみなすことができる。というのも運動によって放出されるためには、意識における検閲を受けるばかりでなく、もう少し先に進む必要があるからである。ただし例外的なものとして夢遊病の現象として観察されることがある。ただしこれがどのような条件で可能となるのか、あるいはこれがどうしてそれほど頻繁に発生しないのかについては明らかになっていない。

ただし夢の形成においては、きわめて珍しい予想外の決定が下されることになる。

というのもVbw［前意識］において紡ぎ出され、Ubw［無意識］によって強化されたプロセスが、Ubw［無意識］を通過して逆の道に進みながら、意識に到達し、それが無理やり知覚されるようにするのである。この退行的なプロセスが、夢形成の第三の道である。ここで分かりやすいようにそれに先立つプロセスを簡略にまとめておくことにする。まずVbw［前意識］的な昼間の残滓が存在し、これがUbw［無意識］によって強化され、それから夢の願望が作り出されるのである。

局所論的な退行

わたしたちはこの種の退行を、すでに述べた時間的な退行あるいは発達史的な退行と区別するために、局所論的な退行と呼ぶことにしよう。この二つの退行は同時に起こるとは限らないが、わたしたちが検討している実例では、この二つの退行が同時に起きているのである。この場合には興奮の移動経路がVbw［前意識］からUbw［無意識］を通って知覚へと逆向きに進むのであり、これは同時に幻覚による願望の充足という［幼児的な］早期の段階に逆戻りすることでもある。

夢が形成される際に、前意識的な昼間の残滓がどのような形で退行するかについては、『夢解釈』［第七章］によって明らかにされている。その場合には思考が主として視覚的な像に転換されるために、語の表象がそれに対応する事物の表象に連れ戻されることになる。それはあたかもこのプロセスにおいて、提示可能性への配慮がすべてを決定するかのようである。退行が実現した後では、Ubw［無意識］の系に一連の備給が残されるのであるが、これらは事物の記憶に対する備給であって、これらに対して心的な一次過程が働き、これらの記憶を濃縮させ、それらの間で備給を相互に転換させることで、顕在的な夢の内容が作り出されるのである。

昼間の残滓に含まれる語の表象が新鮮で、知覚したものの実際の残滓であって、思考が表現されたものでない場合に限って、こうした語の表象は事物の表象として取り扱われるのであり、濃縮と転換の影響を受けるのである。

そこから夢解釈によって確立され、その明証性がその後に証明されてきた法則が確認される。すなわち夢の内容における言語と談話は、新たに作り出されるものではなく、夢日の談話や、読書の経験などのその他の新鮮な印象のうちに含まれる談話を写し取ることによって作り出されるのである。夢の仕事が語の表象にどれほどこだわらないものであるかは注目に値することである。夢の仕事においては、造形的に提示するために最適な手がかりを与えてくれる表現を見つけるまで、言葉から言葉へといつでも取り替える用意があるのである。[*2]

夢と統合失調症

ここにおいて夢の仕事と統合失調症の間の決定的な違いが明らかになる。言葉のうちでは前意識的な思考が表現されるのであるが、統合失調症においては、言葉そのものが一次過程によって加工されてしまうのである。ところが夢においては、加工されるのは言葉ではなく事物の表象であり、言葉は事物の表象に連れ戻されるのである。

夢においては局所論的な退行が行われることがあるが、統合失調症においてはこのような局所論的な退行は発生しない。夢においてはVbw［前意識］的な言語への備給とUbw［無意識］的な事物への備給の間の交通が自由に発生するが、統合失調症においては、これが遮断されているのが特徴である。

ただしこの違いが与える印象は、わたしたちが夢の精神分析的な解釈を行うと、弱められる。夢の解釈においては、夢の仕事が行われるプロセスを点検し、潜在的な夢思想が夢の実際の要素にまで到達する道筋を追跡し、言葉の両義性が活用されていることを明らかにし、さまざまな素材の領域の間で言葉が橋渡しの役割を果たしていることを明らかにする。これによって解釈はある時は機知に富んだ印象を生み出し、ある時は統合失調症に似た印象を作り出すのであるが、それによってわたしたちは、言葉に対して行われるすべての操作は、夢にとっては事物に退行するためのたんなる準備作業であることを忘れてしまうのである。

夢における願望の充足

夢の過程が完了するということは夢思想が退行的に変容され、願望を充足する空想となって意識において感覚的に知覚されるということである。その際に思考内容は二次加工されることになるが、そもそもあらゆる知覚の内容というものは、二次加工されたものなのである。

わたしたちからみれば夢の願望というものは幻覚的なものとなっているのであり、その願望が充足されたことの現実性を、幻覚としてみいだしているのである。夢形成のこの最後の部分には、きわめて大きな不確実性がつきまとっているのであり、これを解明するためにわたしたちは夢を、夢と類似した病理学的な状態と比較してみようとしているのである。

願望が充足されるという空想の形成と、この空想が幻覚へと退行することは、夢の仕事における もっとも重要な作業であるが、このようなことが行われるのは夢の仕事においてだけではない。これはむしろ二つの重要な病的な状態、すなわち幻覚性の錯乱（マイネルト[1]の言葉ではアメンチアと呼ばれる）と、統合失調症の幻覚期の病状にみられることなのである。

アメンチアの幻覚性の錯乱は、願望が実現されるという空想であることは明確に認識できるものであり、見事な白日夢として完全に表現されることが多い。ごく一般的な意味で幻覚性の願望精神病という名称は、夢についてもアメンチアについてもひとしく同じ意味で当てはまることになろう。きわめて内容が豊かで歪められていない願望の実現空想だけによって成立しているような夢も存在するのである。

統合失調症の幻覚期の病状の段階は、あまり詳しく研究されていない。この段階は原則的に複合されたものと考えられるが、本質的にはリビドー備給を特定の対象表象に向け直そうとする再建の試みとして考えることができよう[*3]。幻覚状態はその他のさまざまな疾患においてみられるが、比較のためにこうした幻覚状態をここで提示することはできない。わたし自身には経験が欠けているし、他の人の経験を利用することもできないからである。

幻覚性の精神病

ここで幻覚性の願望精神病は、夢の中においてもその他の場合においても、二つの仕事を実現しているのであるが、これらの二つの仕事は必ずしも同じことを目指すものではないことを指摘しておこう。この精神病は、抑圧されていて意識からは隠された願望を意識にもたらすだけではなく、その願望が完全に充足されたものであるという確信を意識にもたらすのである。

この二つが同時に起こるものであることを理解するのが重要である。意識されない願望がひとたび意識されたからといって、それが現実的なものであるとみなされなければならないわけではない。というのもわたしたちの判断力は、どれほど強度の高い表象や願望であっても、それを現実と区別する優れた能力をそなえているからである。これに対して何かが現実のものであるという確信は、感覚を通じて知覚と結びついていると想定するのは妥当なことと考えられる。

もしある思考が退行の道をみいだして、無意識的な対象の記憶の痕跡にまでさかのぼることができ、ここから知覚へと進むことができるようになれば、わたしたちはその知覚を現実的なものとみなしてしまう。このようにして幻覚は、それが現実であるという確信をもたらすのである。

そこで問題になるのは、幻覚が生まれるために必要な条件はどのようなものであるかということである。その第一の答えは、退行が行われることであるというものであろう。どのような条件が存在すれば幻覚が発生するのかという問いに答えるには、退行のメカニズムがどのようなものであるかについて答える必要がある。夢に関しては、この問いに答えるのは難しいことではない。Vbw［前意識］的な夢思想が事物の想起像の痕跡へと退行するのは、Ubw［無意識］的な欲動の代理物が、たとえば抑圧された経験の記憶が、言語のうちに把握された思考に牽引力を及ぼすからにほかならない。

しかしわたしたちはすぐに、誤った道に入り込んでしまったことに気づくのである。幻覚の秘密が退行のメカニズムを明らかにすることによって暴かれるのだとすると、十分な強度を持つ退行はどれも、それが現実であるという確信をそなえた幻覚を発生させるものでなければならないことになる。すでに明らかにされているように、退行的な省察が、非常に判明な視覚的な想起の像を意識にもたらすとしても、わたしたちはそれが現実のものであるとは一瞬も考えない場合があるのである。
すなわち、夢の仕事によって作り出される想起像が、それまで無意識的なものであったものを意識的なものにして、願望が充足されたという空想をわたしたちに思い浮かべさせるために、わたしたちはそれに憧れるのではあるが、それでいてわたしたちの願望が実際に充足されたものであるとは考えないこともある。このようにしてみると幻覚は、それまでUbw［無意識］的なものであった記憶像が、退行によって活性化されたものにすぎないとは考えられないのである。

現実の吟味の意味

強い強度を持って思いだされた表象と現実の知覚を区別することは、実践において非常に重要な意味があることを忘れてはなるまい。わたしたちが外界に対して、そして現実に対してどのような行動をとるかということのすべてが、この能力に依存しているのである。わたしたちはこれまで、人間はこうした能力を最初から持っていたのではなく、人間の最初の心的な生活においては、満足を与えてくれる対象に欲求を感じた場合に、そのような対象が現実に存在するかのような幻覚を抱くものであるという仮説を作り上げてきた。

しかしそのような幻覚を抱いても実際には満足はえられないのであるから、わたしたちはこの失敗に懲りて、このような願望に基づく知覚と、現実における願望の充足を区別し、その後はこのような失敗を犯さないようにするための装備を整えたのである。言い換えればわたしたちはごく早い時期から、幻覚による願望の充足を放棄して、ある種の現実吟味を導入したのである。そこで問われるのは、この現実吟味とはどのようなものであるかということであり、夢やアメンチアなどの幻覚性の願望精神病が、この現実吟味をどのようにして中止させ、かつての願望の充足方法を復活させるのかということである。

意識の系の役割

その答えは、わたしたちがこれまでVbw［前意識］の系と明確に区別してこなかったBw［意識］の系を、心的な第三の系として詳しく規定することによってえられる。わたしたちはすでに夢解釈において、意識的に知覚する働きを、ある特別な系の機能として導入しなければならないことを確認しておいた。この系にはいくつかの注目すべき特性を与えておいたのであるが、これに新たな特性を加えるべき理由が生まれたのである。

『夢解釈』においてはこの系はW［知覚］と呼ばれたのであるが、この系はBw［意識］の系と重なり合うものである。原則として意識するという仕事は、このBw［意識］の系によるものと考えたのである。ただし意識するという事実が、そのまま特定の系への所属を意味するものでないことは、感覚的な想起像が、Bw［意識］の系やW［知覚］の系などの心的な場所に所属させることができない場合のあることからも明らかである。

しかしこの困難な問題の解決は、意識の系をわたしたちの考察の中心に置くまでは、延期しておくことができるだろう。わたしたちの現在の考察の枠組みでは、幻覚というものはBw［意識］あるいはW［知覚］の系への備給のうちに存在すること、ただしこの備給は通常のように外部からではなく内部から行われていること、幻覚が成立するための条件は、退行が進んでBw［意識］あるいはW［知覚］の系にまで到達し、現実吟味を放逐してしまうことができることだと想定できよう。*4

わたしたちは以前の考察の枠組みにおいて（「欲動とその運命」参照）、まだ寄る辺なき状態におかれた生物体は、知覚という手段によって外界に対する自らの位置を認識する最初の方法を手にするものであること、その際に「外」と「内」とは、筋肉活動との関係で区別されるものであることを指摘しておいた。その場合には筋肉活動によって消滅させることのできる知覚は、外界についての知覚であり、現実であると認識されることになる。そして筋肉活動によって変化させることのできない知覚は、自分の身体の内部からやってくるものであり、現実ではないのである。個体にとってはこのような形で現実を識別する標識をそなえていることは有益なことであり、この標識は同時に現実に対抗するための助けにもなる。そして個体は、時に過酷なものとなりうる欲動の要求に対しても、このような力を持っていたいと考えるであろう。そして個体は自分の内部から厄介な要求をするものについて、それを外部へと追い出す、すなわち投射するよう、努力するのである。

わたしたちは心の装置を詳細に区分しながら、このように内部と外部を区別することによって、世界のうちで自分の位置を定めるという働きをするのは、もっぱらBw［意識］あるいはW［知覚］の系であると考えざるをえない。知覚したものが、消滅させることのできるものであるか、消滅させようとしてもそれに抵抗するものであるかを区別するのは運動神経の支配系統であるから、Bw［意識］はこの系統を自由に使えなければならない。現実吟味とはこのような装置にほかならないのである。[*5] Bw［意識］の系の本質とその作動様式についてはごくわずかなことしか知られていないので、ここではこれ以上は詳しいことを述べることはできない。わたしたちは現実吟味を自我の重要な装置の一つとみなしており、わたしたちが解明しつつある心的な系の間に存在する検閲機構と併存するものとみなしている。そしてこのような装置を解明するためには、ナルシシズム的な疾患の分析が役立つものと期待しているのである。

現実吟味の廃止

一方でわたしたちは病理学的な研究によって、現実吟味がどのような形で廃止できるか、あるいはどのような形で活動させないようにできるかを明らかにできる。実際に願望精神病ないしアメンチアを考察すれば、夢の場合よりもはっきりした形で、これを明らかにすることができる。アメンチアは喪失に対する反応であり、現実はこのような喪失が生じたことを主張するが、自我はそれが耐え難いものとして否定せざるをえないのである。このようにして自我は現実との結びつきを断ってしまい、知覚の系であるBw［意識］の系からその備給を引き上げてしまう。自我が引き上げてしまうこの備給の特別な性格については、さらに研究をつづける必要があろう。

このように自我が現実から離反することによって現実吟味は捨て去られるのであり、抑圧されていないためにすみずみまで意識されている願望の充足空想が系の中に入り込んできて、そこでその空想はより良き現実として承認されてしまうのである。このような備給の撤収は、抑圧のプロセスと同列に置かれるものと考えることができる。アメンチアは、自我におそらくもっとも忠実に奉仕する器官、もっとも内密なところで自我と結びついている器官の一つが、自我と別れを告げるような興味深いドラマを私たちに演じて見せてくれるのである。*6

アメンチアにおいて「抑圧」が担当している仕事を、夢においては自由意志による放棄が担当していることになる。睡眠状態とは外界については何も知ろうとしない状態であって、現実については興味を持とうとせず、それについて興味を持つのは睡眠状態の終わり、すなわち覚醒が意識されるようになった場合に限られる。睡眠状態ではこのようにBw［意識］の系からも、それ以外のVbw［前意識］とUbw［無意識］の系からも備給を撤収しているのである。

ただしその場合にはそれらの系で行われている備給の状態が、眠りつづけたいという願望に従うことが条件になる。Bw［意識］の系からこのように備給が撤収されているために、現実吟味を行う可能性はなくなっている。そして睡眠状態から独立して退行の道を選んだ興奮は、Bw［意識］の系へと自由に入り込んで、そこで疑われることのない現実として通用するようになる。*7 早発性痴呆症における幻覚性の精神病の状態については、それが早発性痴呆症という疾患の発症段階の症状ではないことが、わたしたちの考察から指摘できる。このような状態が生まれるのは、現実吟味によってもはや幻覚を阻止することができなくなるまで、患者の自我が解体された後のことなのである。

結論

夢のプロセスの心理学についてはわたしたちは、夢のあらゆる本質的な特徴は、睡眠状態の条件によって規定されているという結論が下されるものと考えている。古代においてアリストテレスは、夢というのは眠っている者の魂の活動であると語ったものだが、この冴えない言葉を述べたアリストテレスはあくまでも正しかったのである。わたしたちはこれをさらに敷衍することができた。夢とは心の活動の残滓であり、ナルシシズム的な睡眠状態が心のすべてを支配できなかったために生まれることができたものである。これは、はるか昔から心理学者や哲学者たちが語ってきたこととそれほど異なるものではない。ただし心の装置の構造とその働きについての考え方の基盤そのものは、以前とは大きく異なっている。わたしたちのこうした考え方は、夢のあらゆる細部を理解できるようにしてくれたということで、以前の考え方よりも優れているのである。

さらにここで述べてきた抑圧過程の局所論の考察が、精神の障害のメカニズムを洞察する上でどのような意味を持っているかを、簡単に指摘しておくことにしよう。夢においてはリビドーや関心の備給の撤収は、すべての系においてひとしく行われるが、転移神経症の場合は、Vbw［前意識］の系から備給の撤収が行われ、統合失調症の場合は、Ubw［無意識］の系から備給の撤収が行われ、アメンチアの場合には、Bw［意識］の系から備給の撤収が行われるのである。

原注

＊1　次の二つの論文は［すなわちこの論文と「喪とメランコリー」（一九一七年）の論文］、わたしがもともと『メタ心理学への準備』というタイトルで出版しようと考えていた論文集に含まれるはずのものだった。これらは『国際医療精神分析雑誌』の第三巻にすでに発表した「欲動とその運命」「抑圧」「無意識」などの論文につづくものである。これらの一連の論文は、精神分析の体系にとって基礎となるような理論的な前提を明確にし、それを深化させることを目指している。

＊2　ジルベラーは、多くの夢は同時に、本質的に異なる二つの解釈を許すものであり、その一つは分析的な解釈であり、もう一つは神秘的な解釈であると主張しているが[2]、これはわたしには過大評価であって、実際には夢における提示可能性への配慮によって生まれたものであると考えられる。ここで問題になるのは非常に抽象的な性質の思考であり、こうした思考は夢において表現するのが非常に困難になるのである。例えば政治的な新聞のトップの記事を、イラストだけで表現してみよと求められた場合を考えていただきたい。そのような場合には夢の仕事は、抽象的な思考の文脈を具体的な思考の文脈によって入れ替えなければならなくなる。もとの抽象的な思考の文脈と、比較や象徴作

用やアレゴリー的な当てこすりや、できるならば発生過程における状況などを通じて、何らかの関係のある具体的な思考の文脈を利用するのであり、それがもとの文脈の代わりに夢の仕事の素材として利用できるようになるのである。抽象的な思考によって、いわゆる神秘的な解釈が可能となるが、夢の解釈の作業の際には、本来の意味で分析的な解釈よりもこうした解釈の方が思いつきやすいものである。オットー・ランクが適切に指摘しているところによると、多重的に解釈することのできる夢を理解するための最善の模範となるのは、精神分析の治療を受けている患者が、治療に関して見る夢である。

＊3 「無意識」の論文［一九一五年］において、語の表象の過剰な備給がこのような試みの最初のものであることを検討しておいた。

＊4 ここで補足として、幻覚を解明する試みは陽性の幻覚からではなく、陰性の幻覚から始めなければならないことを指摘しておきたい。

＊5 現実の吟味と、現在性の吟味の違いを区別することについては、後の記述を参照されたい［この記述は失われている］。

＊6 このことからわたしたちは、中毒性の幻覚症、例えばアルコール性の妄想は、これと同じような形で理解できるとあえて想定することができる。願望の実現空想の精神

病で、現実によって押しつけられた耐え難い喪失は、この病ではアルコールの喪失にあたるものである。アルコールが補われれば、幻覚は姿を消すのである。

＊7　備給されていない系統は興奮しにくいという原理は、ここではBw［意識］あるいはW［知覚］の系には該当しないようである。ただし備給は部分的に撤収されているにすぎないかもしれないし、知覚の系の場合には、ほかの系とは大きく異なる興奮条件を想定しなければならないのかもしれない。ただしこのメタ心理学的な解明は、不確実な試論としての性格のものであることを隠してはならないし、飾ってもならない。研究をさらに進めることによって、ある程度は確実なことを言えるようになるだろう。

訳注

（1）テオドール・マイネルト（一八三三～一八九二）はオーストリアの解剖学者で、ウィーン大学の精神医学研究所の理事をつとめ、フロイトの師だった。フロイトが男性のヒステリーの概念を提起した際に、これを嘲笑したことで知られる。脳疾患をすべて脳の器官的な欠陥によるものと主張した。

（2）ジルベラーについては本書の二二八ページの訳注（4）を参照されたい。

夢解釈の全体への補足（一九二五年）

A　解釈可能性の限界

問題提起

夢の生活において生まれたすべての産物を、目覚めている生活において使われている表現方法によって完全に、そして確実に翻訳することができるかどうか、あるいは解釈することができるかどうかという問題は、抽象的に考察すべきではなく、夢の解釈が行われる状況に照らし合わせて考察すべきである。

夢の機能

わたしたちの精神的な活動は、何らかの有益な目的を目指して行われるか、あるいはすぐに何らかの快感を獲得するために行われるものである。有益な目的を目指して行われる活動は知的な決断や、行動するための準備や、他者への伝達のために行われる。そして快感の獲得を目指して行われる活動は、遊びとか空想とか呼ばれる。ただし有益なものを目指して行われる活動も、快感に満ちた満足を獲得するための迂回路にほかならないことはよく知られているとおりである。夢は快感の獲得を目指した活動であり、人間の発展史からみると、快感に満ちた満足を獲得する活動のほうが根源的なものである。夢を見ることが、生活において差し迫った課題を解決しようとするものであるとか、昼間の仕事において発生した問題を解決しようとするものであるなどと主張するのは、間違いである。このような営みに携わっているのは前意識的な思考である。夢にはそのような有益な意図はないし、他者に何かを伝達しようとするための準備活動として働くこともないのである。

夢が生活における何らかの課題を遂行しているとしても、非合理的な願望と同じような形でその課題を遂行するのであり、分別のある思慮が行うような形でその課題を遂行するわけではない。ただし夢にも有益な意図あるいは機能がただ一つ存在する。それは眠りを妨げるものから防衛することである。夢とは眠りを維持するために役立つ空想であると述べることができよう。

夢の分析のもたらす利益

そこで夢が、与えられた機能を果たしているかぎり、眠り込んでいる自我にとっては、夜の間にどのような夢を見るかはどうでも良いことであることになる。そして目が覚めた後でどのような夢を見たかをすっかり忘れているような夢こそが、その機能をもっともよく果たしているということになる。

ただしわたしたちは、数年あるいは数十年の後までも、自分が見た夢を覚えていることもしばしばあるが、これは抑圧された無意識的なものが正常な自我に侵入してきたことを意味している。ときにこうしたことが起こりうるのでもないかぎり、眠りを妨げる脅威をもたらすものを取り除くために、抑圧されたものが援助の手を差し伸べることなどはなかっただろう。精神病理学において夢が重要な意味を持つのは、このような抑圧されたものが自我に侵入してくるという事実のためである。

夢をそのように作動させている動機をわたしたちが発見することができれば、無意識において抑圧されている動きについて、思いがけぬ知識を手に入れることができるだろう。さらに夢が行う歪曲を元に戻してみれば、昼の間であれば意識を引きつけることはなかったような内的な集中状態における前意識の思考のあり方をうかがうことができるのである。

精神分析による夢の解釈の可能性

いかなる人も夢の解釈を、それだけで独立したものとして行うことはできない。これはあくまでも精神分析の作業の一部として行われるのである。精神分析における夢の解釈では、必要に応じてわたしたちは前意識的な夢の内容に注目したり、夢の形成における無意識の貢献に注目したりするのであるが、ときには片方だけを重視して、他方を無視することも多い。

だから精神分析の枠組みの外部で、夢を分析しようとしてもあまり役に立たない。そんなことを試みても、精神分析的な状況の条件から逃れることはできないし、人が自分の夢を解釈しようとすれば、つねに自分で精神分析を行うことになるのである。ただし夢を見る人との協力をあきらめて、直感的に把握することで夢を解釈しようとする場合は例外である。そのような夢の解釈は、夢を見た人が思いつくさまざまな連想を無視するものであるから、最善の場合にも、非科学的で価値の疑わしい名人芸でしかないのである。

夢の解釈を、それを行うことのできる唯一の技術的な手続き「である精神分析の方法」に基づいて実践しようとすれば、それが成功するかどうかは、目覚めている自我と抑圧された無意識との間の対抗的な緊張関係によって左右されることがすぐに明らかになる。すでに別のところで述べたことであるが[1]、「高い抵抗圧力」のもとで行われる夢の解釈では、夢の分析者には、低い抵抗圧力のもとで行われる作業とは異なったふるまいが求められる。分析においては長い期間にわたって、まだ未知の状態にある強い抵抗に対処しなければならなくなるが、こうした抵抗が未知のままであれば、それを克服することはできないのである。

そのため患者の夢の産物のごく一部しか、しかもそれをごく不完全な形でしか、翻訳したり利用したりすることができないことが多いのは、不思議なことではない。解釈する人が熟達してきて、夢を見た本人が夢の解釈にほとんど貢献できないような多くの夢を理解できるようになったとしても、そのような解釈が確実なものであるかどうかという疑問は残るということに注意すべきであり、そうした推測を患者に押しつけることには、懸念が抱かれるものである。

これには批判的な反論が提起されるかもしれない。分析する夢のすべてを解釈できないのであれば、責任を負うことのできる範囲を超えたことは主張すべきではないし、解釈によって多くの意味があることが示された夢がある一方で、理解できない夢もあると述べるにとどめるべきではないか、という反論である。しかし夢解釈が成功するかどうかは、抵抗を取り除けるかどうかによって決まるのであるから、分析者はこのような控え目な発言をしなくても済むのである。

これまでの経験から明らかなように、夢の分析においては、当初は理解できなかった夢も、分析者が何かを巧みに言い当てることができ、それによって夢を見た人の抵抗を取り除くことができれば、ただちにそうした夢の意味を洞察できるようになる。そうなると、それまで忘れられていた夢の一片が、解釈のための鍵となったり、新しい連想を生み出して、それまで暗がりにあった部分にも照明を当てることができたりするものなのである。

あるいは何か月も何年も分析の努力をした後で、治療の最初の頃には意味がなく、理解できないと思われていた夢に立ち戻ると、それまでに獲得されていた洞察によって、その夢の意味が完全に解明できるようなこともある。

夢の理論からは、子供の夢の働きは模範的なものであって、夢の産物はどれも意味があるものであり、すぐに解釈できることを示すことができるのである。たとえその時点においては解釈することができないとしても、夢というものは一般的に解釈可能な心的な構築物であると主張することができる。

夢の完全な解釈の可能性

ある夢を解釈できたとしても、それが「完全な」解釈であるのか、それとも不完全な解釈であって、その夢がもっと別の前意識的な思考を表現していることもありうるのではないかということを判断するのは、たやすいことではない。正しいと認められる夢の解釈は、夢を見た人が思いついた連想とその状況についての評価に基づいたものであり、そのたびに別の意味を否定しなくても済むような解釈だけである。ただし正しいものと認められていない解釈もまた可能であり、夢にはこのような多義性がそなわっているという事実を認めなければならない。このように夢に複数の解釈が可能であるということは、解釈作業が不完全であったことによるものではなく、潜在的な夢の思想にはこうした多義性がつきものなのである。

わたしたちがたまたま耳にした言葉が、あるいはわたしたちがたまたま獲得した情報が、わたしたちの示した解釈を認めるのかどうか、あるいは明白な意味とは別に、隠された意味を持っているのかどうかについて、わたしたちが確信を持てないこともある。ただしこれは昼間の生活についても、夢の解釈の枠組みの外部でも発生しうることなのである。

同じ顕在的な夢の内容が、一連の具体的な表象の系列を表現すると同時に、それに依拠した別の抽象的な思考プロセスを表現するという興味深い出来事が発生することがあるが、これについてはあまり研究が進んでいない。夢の仕事にとっては、抽象的な思考を表象する手段をみいだすのは困難なのである。

B　夢の内容に対する道徳的な責任

不道徳な夢の意味

わたしはこの［『夢解釈』という］書物の導入部分において（第一章「夢の問題につい

ての学問的な文献〕)、夢見られた奔放な内容が、夢を見た本人の道徳的な感情と矛盾することが多いという気まずい事実に、さまざまな著者がどのように応じているかを述べておいた。わたしはここでは〔「奔放な」と述べるだけで〕「犯罪的な」夢と述べるのは意図的に避けている。この表現は心理学的な関心の枠組みを超えたものであり、まったく不必要なものだと考えるからである。

夢がこのような不道徳な性格のものであるために、夢というものが心的な価値を持つものであることを否定しようとする新たな動機が生まれたことは、十分に理解できることである。もしも夢というものが撹乱された心の活動の無意味な産物であるのであれば、夢の見かけだけの内容に責任を持とうとする動機はまったく失われるだろう。顕在的な夢内容に対する責任の問題は、『夢解釈』によって実現された夢の解明においては基本的に先延ばしされたのであり、そもそも無視されていたのである。

わたしたちは現在では夢の顕在的な内容というものはだまし絵のようなものであり、上っ面のようなものにすぎないことを知っている。夢の顕在的な内容に道徳的な観点から吟味を加えて、夢の内容が道徳に反するものであることを真面目に受け取るのは、論理に反する夢や算術に反する夢の内容を真面目に受け取るのと同じように、意味のないことである。

夢の「内容」を問題にする時に考えられているのは、前意識的な思考の内容と抑圧された願望の動きの内容だけなのであり、分析作業によって夢の上っ面の背後に、こうした内容をみいだすことができるのである。

それでもこのような夢の不道徳的な上っ面というものは、わたしたちに問題を提起するものである。というのも潜在的な夢思想が、顕在的な内容として受け入れられるためには、厳格な検閲機構を通過しなければならないことが確認されているからである。通常はごく些細なものにまで厳しい検閲を行う検閲機構が、明らかに不道徳的な夢に対してこれほどの無能力を示すのはなぜなのであろうか。

その答えはすぐに示されるものではないし、示されたとしてもあまり満足できるものではないかもしれない。このような夢を解釈してみると、それらの一部は根本的にまったく悪いものではないために、検閲機構を刺激しなかったことが明らかになる。これらは無害なひけらかしや、見せかけの仮面によって欺こうとする「何者かになりすまそうとする」同一化の試みなのである。これらが検閲されなかったのは、真実のことを語っていなかったからである。

しかしその他は、正確にはその多くは、いかなる歪曲もせずに真実のことを語っていながら、検閲によってその内容が歪められなかったものである。これらは不道徳的な欲動の動きや近親姦的な欲動の動きや倒錯した欲動の動きなどであったり、殺人的でサディズム的な情欲の表現であったりする。このような夢を見た人は、不安に満ちた目覚めによってこれに反応するのである。

その場合にはわたしたちにもその状況が明らかに認識できる。検閲機構が仕事を怠けたのであり、そのことに気づいても、もはや手遅れだったのである。そのために不安が生まれたのであり、これが検閲による歪曲の代わりとなったのである。あるいは別の事例では、このような夢にたいしていかなる情動も示されないことがある。夢の不愉快な内容は、睡眠中に作り出された性的な興奮の高みにおいて担われるか、容認されるのである。目覚めている人が自分の怒りの発作や、憤慨の気持ちや、残酷な空想への耽溺などを容認するのと同じようなものである。

変装した夢の多さ

わたしたちはこのように、明らかに不道徳な夢がどのようにして生まれたかについての関心を抱くのだが、無害な夢や情動を伴わない夢や不安夢など、多くの夢についても、検閲によって歪曲された部分を取り除いてみれば、実は非道徳的な夢であって、利己主義的な願望やサディズム的な願望や倒錯した願望や近親姦の願望の動きの夢であることが分析によって明らかになると、こうした関心も大いに損なわれてしまう。

昼間の目覚めた生活においても、白昼堂々と罪を犯す犯罪者よりもはるかに多くの変装した犯罪者が存在するものだが、それは夢の中でも同じなのである。『オイディプス王』の劇の中で［母親の］イオカステが想起しているような［母親との］露骨な性交の夢はごく稀なのであって、精神分析によって初めてこれと同じ意味を持つことが明らかになる夢のほうが多いのである。

不道徳な夢にたいする倫理的な責任

わたしはこの書物［『夢解釈』］において、夢を歪曲する動機を作りだす夢の性格について詳しく説明しておいたので、この問題についてはごく簡単に触れるにとどめることにして、むしろわたしたちが立ち向かうべき課題へと、考察を進めることにしよう。それはわたしたちが自分の見た夢の内容に責任を負わなければならないかどうかという問題である。

ここで補足しておくと、夢においては不道徳的な願望の充足が行われるとは限らないのであり、「処罰夢」という形で、そうした不道徳的な願望にたいする強い反応が示されることも多いのである。言い換えれば夢の検閲が、夢の内容の歪曲と不安の発生だけにおいて表現されるのではなく、不道徳的な内容をすべて根絶してしまい、罪滅ぼしができるようなもっと別の内容に変えてしまうこともある(ただしその内容から不道徳的な内容を見分けることはできるのである)。

[夢を見た人が、自分の見た]不道徳的な夢の内容に対して責任を負わなければならないかという問題は、潜在的な夢思想についても、わたしたちの心の生活における抑圧されたものの存在についても知らなかった人々には重要なものであったかもしれないが、わたしたちにはもはやそのように重要なものではなくなっている。

邪悪な夢を見た人は、その夢の責任が自分にあると考えなければならないのは当然のことである。ほかにどうできるというのだろうか。正しく理解した夢の内容が、見知らぬ精霊によって吹き込まれたものでないとすれば、それはわたしという存在から生まれたものであることは確かなのである。わたしが自分のうちにある願望を社会的な基準に従って良き願望と悪しき願望に分類しようとするのであれば、わたしはそのどちらの願望に対しても責任を負わなければならない。

そしてわたしが防衛的な姿勢をとって、自分のうちにある未知なもの、意識されないもの、抑圧されたものは、自分の「自我」に属するものではないと拒もうとするならば、わたしたちは精神分析の土台に立っていないことになり、精神分析の示した事柄を受け入れていないことになる。そして隣人たちによる批判や、自分の行動における障害の発生や、自分の感情における混乱などによってしか、自分の過ちを確認することはできなくなるだろう。このようにして、わたしが自分のものではないと否認したものが、実際にわたしのうちに「存在する」だけではなく、同時にわたしの内部から「働きかける」こともあることを経験することができるのである。

ただしメタ心理学的な意味では、このような抑圧された悪しきものは、もしもわたしが道徳的に非難すべき人間であってはならないとすれば、わたしの自我に属するものではなく、「エス」に属するものとみなされる（自我はこのエスの上に乗っているのである）。しかしこの自我というものもエスから発達してきたものであり、生物学的にはこのエスと一体のものである。自我というものはエスの末端部分が特別な形で修正されたものにすぎず、エスの影響に服し、エスから出てくる刺激に従うのである。どのような重要な目的のためだとしても、自我をエスから切り離そうとするのは、見込みのない試みである。

さらにわたしの道徳的な気持ちが高揚するあまり、それに譲歩して、あらゆる道徳的な価値評価において、わたしが自分のエスのうちにある悪しきものを無視すると宣言し、わたしの自我にその責任を負わせないと宣言したとしても、それがわたしにとってどんな役に立つというのであろうか。わたしが自分の経験から学んだことは、わたしはそれでも自分の自我に責任を負わせるということであり、何らかの形で自我に責任を負わせなければならないということである。

精神分析によってわたしたちは、強迫神経症という病的な状態があることを知るようになったのであるが、この疾患においては哀れな自我は、自分があずかり知ることのないあらゆる悪しき動きに対して自分に罪があると感じてしまうのである。この邪悪な動きは意識のうちだけにとどめられているのではあるが、それを自分のものでないと否定することはできない。そして正常な人にも、このような傾向はつねに存在するものである。

その人が道徳的な人であればあるほど、彼の「良心」は驚くほどに敏感なものである。その人が健康であればあるほど、「感染しやすくなり」、「エスの中に存在することが感じられた」夢の伝染病や作用に苦しめられやすくなるということを考えてみていただきたいのである。これはおそらく良心というものが、エスの中で感じられた邪悪なものに対する反動形成によって生まれたものであるからであろう。邪悪なものに対する抑圧が強ければ強いほど、良心はより活発になるのである。

夢と人間の倫理性

人間の倫理的なナルシシズムにとっては、夢が歪曲されるという事実や、不安夢や処罰夢を見るという事実のうちに、その人が倫理的な存在であるという明確な証拠がえられれば十分なのであろう。そして解釈によって、自分の悪しき本質の存在とその強さの証拠がえられれば十分であろう。これに満足できず、自分の本来のあり方よりも「より良き」者であろうとする人は、自分の生涯の間に偽善や抑止によって生み出されたものよりも良きことをなそうと努力すべきであろう。

医者としては、社会的な目的のために、メタ心理学的な意味での自我に限定された責任を人為的に作り出そうとする営みは、法律家に任せることになろう。このように構築されたものから、人間の感情にそぐわないような実践的な帰結を引き出そうとすれば、どれほどの困難に直面するかは、周知のことであろう。

C　夢のオカルト的な意味について

心的な問題と夢

夢の生活が持つさまざまな問題にはほとんどきりがないと考えるべきであるが、これを不思議に思うとすれば、それは心の生活の持つ多様な問題が夢においてもふたたび姿をみせること、しかも夢の持つ特別な性格のために、いくつかの新たな問題がつけ加わっていることを忘れているからである。

ただし夢に現れるがゆえにわたしたちが研究している多くのことは、夢のこのような心的な特殊性とはほとんど、あるいはまったく関係のないものである。たとえば象徴体系は夢の問題ではなく、わたしたち人間の太古からの思考に関わる問題である。これはパラノイア患者のシュレーバーが適切に述べたように、わたしたちの「根源言語」に関わるテーマなのだと考えるべきであり、[2] こうしたものは夢を支配しているだけでなく、わたしたちの神話や宗教的な儀礼を支配しているのである。

夢の象徴体系において特別なところがあるとすれば、それが圧倒的に性的な意味を含み隠しているというところにあるだろう。不安夢もまた、夢の理論によって解明することができると期待すべきではない。不安はむしろ神経症の問題であって、不安と夢の関係について解明すべきところが残っているとすれば、それは不安がどのような条件のもとで夢の中に現れることができるかという問題であろう。

夢とオカルト的な事柄の関係

オカルト的な世界の事実と呼ばれる事柄と夢の関係についても、これと同じことが指摘できると思う。ただし夢そのものが秘密に満ちたものであるので、秘密に満ちたその他の未知の事柄と密接な関係があるに違いないと思われたのである。歴史的な観点からみても、夢にはそのように思われるだけの権利があった。わたしたちの神話が形作られた原初の時代には、夢の形象が心の表象を作り出す上で貢献していたかもしれないからである。

二種類のオカルト的な夢

夢のうちにはオカルト的な現象とみなすべき二種類の現象が存在するとみられている。すなわち予言的な夢とテレパシー的な夢である。どちらの夢についても無視できないほどの多くの証言が存在する。またどちらの夢に対しても頑《かたく》なほどの反感が抱かれており、いわば科学的な偏見が存在するのである。

予言的な夢の信憑性

予言的な夢については、夢の内容が未来の出来事を形作るようにして見せることがあるという意味では、こうした性格の夢が存在することは疑問の余地がない。問題となるのはこのような予言夢が、後に実際に起きたことと注目すべき形で一致しているかどうかということである。

この問題については、わたしは独立した公平な立場をとることができないことを認めざるをえない。わたしたちが鋭敏な計算によってではなく、何らかの心的な活動によって未来の個々の出来事を予見することができると主張することは、科学的な予測や態度と正面から対立するものであるが、一方では太古からよく知られている人間の願望に忠実なものである。ただしこのようなことが実現されると願うのは、あまりにも思い上がったことだと批判されるのは間違いないことであろう。

そのためわたしは、未来を予言する正夢のような現象は、そうした現象についての報告が信頼できないものであり、あまりに軽々しく信じられ、信憑性に欠けたものであるということを考えるならば、そして情動によって想起の際に錯誤が起こりやすくなっていること、さらに偶然にまぐれ当たりが発生した可能性が十分にあることを考えるならば、こうした現象は信じるに足りないものと考えざるをえない。わたし個人も、このような正夢のような現象が存在することを支持するような経験や体験をしたことはないのである。

夢とテレパシーの関係

テレパシー的な夢は、予言的な夢とはいささか状況が異なる。ただしこれについて指摘しておかなければならないのは、テレパシー的な現象、すなわちある人の心理的なプロセスが、感覚による知覚以外の方法によって、他の人物に伝達されるという現象が、夢だけによって起こると主張した人は誰もいないということである。すなわちテレパシーもまた、夢の問題ではないのである。テレパシーという現象が存在するかどうかを判断するために、テレパシー的な夢について研究する必要はないのである。テレパシー的な出来事についての報告、すなわちよく言われる言い方では思考の伝達についての報告に対して、その他のオカルト的な主張に向けられるような批判を加えたとしても、それほど簡単に退けることのできないようなしっかりとした資料が存在しているのである。さらにこの分野については、テレパシーの問題について好意的な姿勢を採用するのが正当であると思われるような観察や経験を、自分自身のものとして収集することが容易なのである（もっともそれは、確固とした確信を作り出すには不十分であるかもしれない）。さしあたりのところはテレパシーという現象が実在するのであって、その他の普通であれば信じがたいような言説の核心となる事実を作り出している可能性があることを認めざるをえないのである。

テレパシーという問題に対しても、頑固なまでに懐疑的な態度を崩さず、テレパシーが実在することを示す証拠があってもそれを認めようとしない立場を維持するのは、たしかに正当なことである。わたしは普通であれば抱かれるような懐疑を退けるに足る資料をみつけたと考えている。それは次に述べるように、職業的な占い師の実現しなかった予言である。

残念ながらここではそれほど多くの観察例を示すことができないが、そのうちの二つの例はわたしに強い印象を残したのである。これらの二つの実例について、他の人々も納得させることができるほど詳細に述べることはできない。わたしはいくつかの主要な点を提起するに止めざるをえない。

テレパシーの実例

ここでその実例を語ろうとしている人物たちは、外国において、見知らぬ占い師から特定の時期に何らかの出来事が起こることを予言されたのであるが（この占い師は何らかの術を使うらしかったが、それはここではどうでも良いことである）、その予言は当たらなかった。その出来事が起こると予言された時期は、すでにとっくに過ぎていたのである。ところが奇妙なことに、当たらない予言をされたそれらの人々が、その体験について罵倒したり失望したりするのではなく、明らかに満足そうに語っているのである。

彼らに予言された事柄は、きわめて具体的な細部に関わるもので、それが起こるかどうかは恣意的で理解できないものと思われるものであって、起きて初めてそれがそうだったとわかるような性格のものだった。［その予言の一つの例をあげれば］たとえばその占い師は、二七歳ではあるがはるかに若くみえる女性の手相を調べて（その時に彼女は結婚リングは外していた）、彼女はやがて結婚し、三二歳で二人の子供をもうけるだろうと予言したのである。

この女性は四三歳の頃に、重い病気にかかってわたしの分析を受けに来たのであるが、子供はいなかった。パリのホテルのホールで彼女の手相をみてこの予言を与えた「先生」が知るはずのなかった彼女の秘密が明らかになった時に、わたしにはその予言で語られた二つの数字の意味が明らかになった。この女性は異常なほどに強い父親への愛着を抱いていたが、夫が父親に代わる立場に立てるように、夫との間で子供が生まれることを強く望んでいた。

彼女がこの予言をしてもらったのは、子供が生まれなくて、何年も失望が続いていた時期のことであり、その頃に彼女は神経症になりかかっていたのである。ところがこの予言が彼女に約束していたのは、彼女の母親の運命だったのである。彼女の母親は三二歳で二人の子供の母親となっていた。この予言は一見すると事情を知らない人からもたらされたものであるが、その伝える意味を理解するためには精神分析が必要であった。それで初めて、誤解の余地のない明白な事情のすべてを説明できる推定がえられたのである。すなわち予言を求めた際に彼女は強い願望を抱いていたのであるが、それは彼女の情動生活を支配したごく強い無意識的な願望であって、それが彼女が神経症となる原因となっていた。この予言を求めた際に彼女はその願望を、気を散らすような砂の上の手型で占った占い師に、直接的な転移によって伝えていたと考えられるのである(3)。

わたしは親しい集まりにおいて試みた際に、強い情動によって強調された記憶は、きわめて転移されやすいものであるという印象を、何度も受けている。記憶が転移される相手の人物の思いつきに、あえて精神分析を行ってみれば、普通であれば明らかにならないような一致が存在することが示されるのである。わたしはこれまでの多くの経験から、そのような転移が起こりやすいのは、ある表象が無意識から立ち上る瞬間であること、理論的に言えばそれが「一次過程」から「二次過程」に移行する瞬間であると結論するようになっている。

テレパシーという問題のもつ広がりや新しさや曖昧さなどを考えれば、慎重な姿勢をとることが求められるものの、わたしはテレパシーの問題についてこのような見解を抱いていることを隠しておくのは正しいとは思われないのである。これらのすべての事柄と夢の関係については、次のことを指摘しておくべきであろう。すなわちテレパシー的なメッセージが存在するのであれば、それは眠っている人にも届くはずであり、眠っている人が夢の中でそれを受け取る可能性があることは否定できない。知覚や思考などのその他の素材とのアナロジーで考えれば、昼間のうちに受け取ったテレパシー的なメッセージが、その日の夜の間に、夢の中で初めて加工される可能性があることも否定できないのである。そのように考えるならばテレパシーによって伝達された素材が夢の中で別のものとして変形されたり変容されたりする可能性もまた否定できない。精神分析の力によってテレパシーについてもっと確実なことが明らかになることを願うものである。

訳注

（1）フロイト「夢解釈の理論と実践についての見解」参照。この論文でフロイトは、夢を見た人の抵抗が強い場合には、夢についての連想が深まらず、散漫になり、夢の解釈が困難になることを指摘している。

（2）「根源言語」とは、「神自身によって語られる言語」であり、「若干古めかしくはあるが力強いドイツ語で、特に婉曲話法が非常に豊富である点で際立っている」（『シュレーバー回想録』尾川浩、金関猛訳、平凡社、二八ページ）ものである。この婉曲話法は極度なもので、「褒賞（Lohn）は正反対の罰（Strafe）を意味する」（同）というようなものである。

（3）この説明ではあまりよく分からないが、この占いについてフロイトの「精神分析とテレパシー」（一九二一年執筆、一九四一年刊）に詳しい説明がある。この占い師は占う相手に砂の上に手型を押しつけてもらい、そこから相手の運命を読み取ろうとした。フロイトはこの占いの際に、彼女の母親についての記憶が、テレパシーで占い師に伝えられたのではないかと考えているわけである。そこでこの占いの背後には、「彼女の子供時代の秘密であった、母親との同一化の成就」（『フロイト全集』第一七巻、須藤訓任訳、岩波書店、三〇四ページ）があったと考えているのである。この論文ではフロイトは、「夢とテレパシー」の論文よりもはるかにテレパシーに好意的な姿勢を示している。

解説

中山元

『夢解釈』という書物について

フロイトの夢についての考察は、一九〇〇年に刊行（実際の刊行は一八九九年末である）された『夢解釈』に集約されているが、その後でフロイトはこの第一の主著とでも呼ぶべき書物を補足するようなさまざまな論考を執筆してきた。本書に集めたのはそうしたフロイト自身による夢解釈の補足の筋道を示した論考群である。

『夢解釈』そのものはほぼ三部の構成となっている。第一章では、夢についてそれまでに発表されているさまざまな学説を比較検討している。第二章から第六章まででは、こうした伝統的な学説と比較した精神分析による夢解釈の独自性を提起しており、夢の内容についての詳細な分析を含んでいる。第七章は夢の形成のメカニズムを解明するために、心についての局所論的な考察を土台とした理論的な考察を展開したものである。この分析は、フロイトの最初期の「心理学草稿」に示されたアイデアをさらに発展させたものであり、難解なところが多い。

また『夢解釈』という書物は、一九〇〇年に刊行された後も、一九〇九年に増補改訂第二版、一九一一年に増補改訂第三版、一九一四年に増補改訂第四版を刊行し、第四版では第六章の増補など、大幅改訂が行われた。さらに一九一九年に増補改訂第五版、一九二一年に第六版、一九二二年に第七版が刊行され、一九二五年に全集版に収録され、さらに一九三〇年に増補改訂第八版が刊行されるなど、次々と増補が行われた。そのため全体像が理解しにくいものとなっている。この訳書に集めた文章によって、こうした増補の背後にあるフロイトの関心がどのように移動あるいは継続しているか理解しやすくなるだろう。

本書の構成

フロイトは一九〇〇年に『夢解釈』を刊行した後も、夢について考察しつづけたが、フロイトの夢の考察は、一九一〇年頃の「メタ心理学」の構想を境として、大きく二つに分類することができる。メタ心理学以前は、『夢解釈』の内容を補足し、敷衍《ふえん》することを目指した文章を発表していた。しかしそれ以後はメタ心理学的な考察に依拠しながら、『夢解釈』の第七章で展開された心についての局所論的な考察を補い、さらに展開する文章が増えている。

本書の第一部に収録した「夢について」「証拠としての夢」「夢に出てくる童話の素材」は、一九一三年の「夢とテレパシー」を除いて、メタ心理学以前の時期に属するものであり、『夢解釈』の第六章までの内容を補足しながら、新たなアイデアを展開したものである。第二部に収録した「夢の理論へのメタ心理学的な補足」と「夢解釈の全体への補足」は、メタ心理学的な考察にあわせて『夢解釈』の第七章を補足し、展開したものである。この第二部の二つの論文は、メタ心理学的な理論構築が開始された後の一九一四年の第四版で行われた大幅な補筆の背景を示すものとして、読みごたえのあるものとなっている。

第一部　夢についての考察

第一論文「夢について」（一九〇一年）

そのうちでも長文の「夢について」の論文は、『夢解釈』の最初の構想の要点を巧みにまとめ、さらに展開したものとして注目に値する。この論文は、三つのテーマを中心に展開されている。まず、夢が願望の充足であることをさまざまな実例で示し、次に濃縮と転換による夢の仕事を詳細に説明する。この夢の仕事の説明においては、『夢解釈』よりも夢の「文法」を巧みに解説しているという特徴がある。最後に夢で使われる象徴体系についての説明が提示される。

これらを説明するために、この論文でフロイトは自分の夢を実例として使っている。『夢解釈』ではイルマの夢が使われて、大きな説得力を発揮したが、この「夢について」の論文では、次のような些細なものと思われる夢の断片が紹介されている。

「パーティーの席、テーブルあるいはホテルの食堂。ホウレンソウを食べている。隣に座っているのはE・L夫人である。身体をすっかりわたしに向けるようにしていて、親しそうにわたしの膝の上に手をのせている。わたしはそれが嫌で、手をどかせてしまう。すると夫人は、あなたの目はいつも素敵ですねと言う。……するとわたしには二つの目がぼんやりと図形のように、あるいは眼鏡の枠のようなものとして見える」(一九〜二〇ページ)。

この夢にフロイトは次々と連想することで、顕在的な夢の内容を作りだした潜在的な夢思想を明らかにしていくのである。まずフロイトはこの潜在的な夢思想が顕在的な夢内容に転換されるにあたって、濃縮という夢の仕事が使われていることを示す。E・L夫人の親しげな姿勢の背後にあるのは、フロイトが結婚前に将来の妻となるマルタ・ベルナイスに求婚した際に、彼女がそのプロポーズを受け入れる気持ちを示すために、テーブルの下でフロイトの手を握ったという重要な思い出である。当時の風習としては、E・L夫人のように、「親しそうにわたしの膝の上に手をのせている」ようなことはありえないことだったのである。

フロイトにとって貴重なこの若い頃の思い出に重ねられているのは、妻のマルタにたいするフロイトの嫉妬の記憶である。夢を見る数週間前にフロイト夫妻はあるホテルに滞在していたが、会食のときに妻が夫をあまり顧みずに、フロイトが日頃から嫌っている会食者に馴れ馴れしくふるまったことに、彼は腹を立てたのだった。

フロイトはこの夢には、この二つの記憶が濃縮されて重層的に重なっていることを語っている。そして妻の代理であるE・L夫人は、フロイトに親しげにふるまってくれたのである。この姿勢は、フロイトが妻に望んでいたことにほかならない。フロイトは夢の中で彼の密かな願望を充足したわけである。フロイトは、「あらゆる夢は利己的な動機から生まれるものである」（七九ページ）と主張しているが、夢はすべて何らかの形で、夢を見る本人の願望を充足するのである。その願望がどのように表現されるとしてもである。

夢の仕事

フロイトは『夢解釈』の著作では、夢の仕事を大きく二つに分類していた。第一次加工と第二次加工である。「夢形成にあたっての心の仕事は、二つの仕事に分かれる。夢思想形成と、その夢思想（潜在内容）を夢内容（顕在内容）へ変造すること」[1]である。夢の本来の仕事は、潜在的な夢内容を形成する第一次加工である。夢を見る本人はさまざまな願望を抱いているし、夢はこの願望を充足するために見られるのである。しかし眠っている人のうちでも、心的な検閲が働きつづけている。その人の願望をそのまま表現したのでは、あまりに衝撃が強いために、これに手を加えて、その人が自分の願望の生々しさのために睡眠から覚醒してしまわないようにしなければならない。

そのために行われるのが第一次加工であり、それには主として三つの仕事がある。第一の仕事は、「濃縮」である。フロイトの実例で言えば、手を握ったE・L夫人の夢の背後には、プロポーズした時の妻の態度や、プロポーズが受け入れられたフロイトの喜び、そしてしばらく前にホテルで会食した際にフロイトが嫌っている会食者に妻が愛想よすぎるという嫉妬など、さまざまな連想が濃縮されているのである。

第二の仕事は、「転換」である。これは夢の核心をなす願望の表現を、ごく些細なものの背後に隠して示すことで、検閲を逃れようとする試みである。「強い興奮を誘うのが当然と思える印象の代わりに、ごくつまらない印象が夢内容として与えられている場合、そして誰から見ても当然興味深いような素材の代わりに、つまらない素材が取り上げられている場合には、そこにはつねに転換作業が働いているのである」（六二ページ）。

フロイトの夢では「あなたの目はいつも素敵ですね」という夫人の言葉には、〈いくら目が素敵でも、代償を払わずには、望むものは手に入らない〉というドイツの格言を通じて、いつか代償なしに望むものを手に入れたいという願望が、その背後に隠されていることが明らかにされる。ただしその願望を表にだすことは望ましくないと感じられたため、それを隠す目的で、その願望がフロイトの目についての夫人のおだて言葉へと転換して表現されたのである。

第三の仕事は、「戯曲化」である。これは抽象的な夢の思想や願望を具体的な情景のうちに描きだす仕事であり、「夢思想を情景に転換する作業(これは「戯曲化」と呼ばれる)」(五六ページ)は、夢の仕事のうちで、濃縮とともにもっとも重要でユニークな性格の仕事とされている。フロイトの挙げている夢では、プロポーズの思い出がホテルでの夫人との親密な話し合いや、「素敵な目」についての言葉として戯曲化されたのである。

これらの第一次加工は無意識と前意識の境界にある検閲機構で行われると考えられているが、これに対して前意識と意識の境界にある検閲機構で行われると考えられるのが「第二次加工」である。これは夢を見る本人が理解できるような形で、夢の潜在的な内容に手を加えて、顕在的な内容に変える仕事である。

この仕事は、夢の背後にある思想を、理解できる夢に変えるために、夢思想を歪曲したり、「夢のさまざまな構成要素をまとめあげて、おおまかに関連性のある一つの夢を作り上げることを目指す」(八二ページ)のである。フロイトがこの論文で示した夢の実例でも、妻との思い出を重層的に畳み込みながら、ホテルでのエピソードに組み替えるために、第二次加工が行われているのである。

ただし「ある種の予測に基づいた観念によって夢内容を捉え、そうした夢内容は理解できるものであるという前提のもとでこれを知覚しながら整理し、夢内容が既知のいかなる内容ともそぐわないものである場合には、それを改竄する危険を恐れず、時には奇妙な誤解に陥ることもある」（八三ページ）のである。

第二論文「証拠としての夢」における夢の象徴体系

『夢解釈』においては夢の仕事のほかに、夢の象徴体系についての考察が重要な地位を占めている。そして第一論文の「夢について」では、『夢解釈』とは別の夢の実例を使って、夢の仕事について詳しく考察している。ただし夢の象徴については、「皇帝とその后（王と王妃）は両親を意味している。部屋は女性（女性のための部屋）を意味している。部屋の出口と入口は身体の開口部を示している」（一二〇ページ）など、主要な象徴が簡単に列挙されているだけであって、フロイトが見た夢に基づいた説明は行われていない。

この象徴体系の分析が実際に夢の解釈に使われているのが、第二論文「証拠としての夢」と第三論文「夢に出てくる童話の素材」である。この第二論文は複雑な構造をそなえている。このタイトルの「証拠」というのは、フロイトが分析治療していた女性が、付き添いの看護婦の見た夢を分析しながら、その夢は、その看護婦が職務に怠慢であったことをみずから認めている証拠となっていると解釈したことに由来する。そしてフロイトはこの解釈の正しさをほぼ認めながら、さらに象徴の理論を使って、看護婦の夢に補足的な解釈を加えたのである。

この夢の中ではこの看護婦が広い水辺に立って、細くて狭い橋を渡る場面が描かれている。「やがて広い水辺にやってきた。彼女は細くて狭い橋を渡った」（一三三ページ）のである。女性の患者は、この広い水辺ということで、ライン河を想定しており、しばらく前に彼女が看護婦に話して聞かせた海と鯨に飲まれたヨナの物語を、看護婦が想起していると考えている。彼女は細くて狭い橋ということで、鯨の喉は狭いので、ヨナはここを通れなかったはずだという笑い話を想起している。

しかしフロイトは象徴の理論を使うことで、広い水辺とは「胎児が出てくる水」（一四六ページ）、すなわち羊水のことだと考え、細くて狭い橋は「性器の象徴」（同）であり、橋あるいは狭い裂け目を通過するということは、子供の出産を意味すると解釈する。そして看護婦は、自分の怠慢でたとえ解雇されても、「その代わりにわたしは自分で子供を産んでやろう」(二四七ページ)という願望を抱いていることを示すものだと解釈するのである。これは精神分析の夢解釈の技法を知らなかった女性患者には行えなかった解釈なのである。

第三論文「夢に出てくる童話の素材」

一九一三年に発表された「夢に出てくる童話の素材」でも、童話を手掛かりに夢の象徴体系の問題が検討されている。この文章では、グリム童話の「ルンペルシュティルツヒェン」と「赤ずきん」の二つの童話が取り上げられている。「赤ずきん」の童話との関連で検討されるのはいわゆる「狼男」の分析で取り上げられた有名な狼たちが木の枝に座っている夢である。これにたいして「ルンペルシュティルツヒェン」の童話との関連で検討されるのは、数か月ぶりに夫とベッドをともにした若い人妻の見た夢である。フロイトはこの夢との関連で、夢解釈における象徴体系の理論を駆使している。

この夢は、「彼女はどこも褐色に塗られている部屋の中にいる。急な階段を登って、小さなドアから部屋に入れるようになっている。この階段を登って奇妙な小男が部屋に入ってきた。この男は小柄で白髪で、いくらか禿げていて、鼻が赤い。部屋に入ってから彼女の前で踊ってみせ、おどけたふるまいをしてから、部屋を出て階段を降りていった。小男は灰色の服を着ているが、その服を透かして、体の輪郭がすべて見えている（後に行われた訂正によると、この小男は黒く長い上着を着ていて、灰色のズボンを穿いている）」（二五五ページ）というものである。

フロイトがこの夢を象徴体系で解釈したところによると、「褐色に塗られている部屋」はまず夫婦のベッドを象徴する。褐色は木の色であり、木のベッドが示されている。さらに部屋は膣の象徴であり、木もまた母体の象徴である。「しかめ面をしておどけたふるまいをする小柄な男は、ペニスである。狭いドアと急傾斜の階段は、この場面が性的な行為の描写であることを証明している」（二五七ページ）ということになる。

さらに半ば透明な灰色の服はコンドームである。この童話は、産んだ子供を鬼が母から奪おうとする物語であり、この女性は妊娠を恐れているとフロイトは解釈する。「夫とのこの性交渉で、二番目の子供を妊娠することになったのではないかという懸念」（二五八ページ）がその背後にあるとされている。さらにフロイトは、この女性がこの小男にたいして抱いている怒りの気持ちは、少女期のペニス願望が姿を変えて表現されたものと解釈するのである。

第四論文「夢とテレパシー」

これは一九二二年頃に精神分析医の集会での講演草稿として書かれたとみられる論文であり、後期のものであるが、夢のテーマについて第一部と共通する性質のものであるため、第一部に収めた。この「夢とテレパシー」は、一九四一年に発表された「精神分析とテレパシー」とならんで、テレパシーの問題についてのフロイトの考えを表明したものである。

オカルト的な現象についてはフロイトはそれを認めようとする立場と、否定的な立場のあいだに引き裂かれていたようである。この文章ではフロイトは、テレパシー現象への強い関心を表明しながらも、夢の形成にあたっては、外的な刺激や夢日の経験と同じような役割をはたすにすぎないことを指摘する。それでも精神分析は「テレパシー的な現象の理解しがたいところ」(二二五ページ)を、たとえばエディプス・コンプレックスの理論などによって理解できるようにするものであること、さらに「テレパシーについての研究を促進することができる」（同）ことを主張するのである。テレパシーを無意識的な心の働きと考えるならば、夢の分析と同じような観点から分析できるはずなのである。

なお夢とテレパシーの問題は、本書に収録した最後の論文「夢解釈の全体への補足」のC項「夢のオカルト的な意味について」（二七六ページ以下）でさらに考察が深められている。このことからもテレパシーの問題がフロイトの無意識と夢の理論において、それなりに重要な意味をもっていたことが分かる。

第二部　夢の理論への補足

第一部では、フロイトの『夢解釈』の第一章から第六章までの内容を要約し、敷衍した文章を読んできた。第二部では、『夢解釈』第七章「夢事象の心理学」を補足する二つの文章を読むことにしよう。一つはフロイトがメタ心理学的な考察を展開し始めた時期に執筆された「夢の理論へのメタ心理学的な補足」（一九一七年）であり、この文章はフロイトのメタ心理学的な考察の一環を占めるものである。第二の文章は晩年の「夢解釈の全体への補足」（一九二五年）であり、夢の心理学についてのフロイトの総括とも読める文章である。

第五論文「夢の理論へのメタ心理学的な補足」と退行の理論

まず「夢の理論へのメタ心理学的な補足」から検討してみよう。この文章でフロイトは、『夢解釈』の第七章で示された二つの重要な観点の一つである退行の理論について補足している。第一の観点は、この章の冒頭で提示された息子の死体の側で居眠りをしていた父親が、夢の中で息子に「ぼくがやけどをするのがわからないの」と責められて目覚めると、本当に倒れた蠟燭のために、息子の死体の「経かたびらと片方の腕が焼けていた[2]」という夢についての理論的な考察である。

『夢解釈』ではこの夢をフロイトは、主として願望の充足と夢の思想の形象化という観点から考察していた。願望の充足は主として第七章C項「願望充足について」で考察されるが、すでにB項「退行」において、「あの夢の一つの動機は、子供の生きている様子を見たいという願望であった[3]」として説明されている。さらにこの夢は父親に息子の死体のやけどという不安をもたらすものであったことから、D項「夢による覚醒、夢の機能、不安夢」でも改めて考察されることになる。

第二の形象化についても、そのすぐ後で、子供が蠟燭で焼けているという夢思想を、「夢はこの認識の結果を少しの変更も加えずに再現する。しかしそれを、現在そこにあって、諸感覚をもってあたかも覚醒時の一体験のように捉えられなければならない一状況裡に表現する」(4)と説明している。フロイトはこの論文において、二種類の退行とナルシシズムが夢とどのような関係にあるかを明らかにしようと試みている。

もう一つの観点は、この夢を手掛かりにして考察が始められたB項「退行」で記載される夢の局所論的な考察である。フロイトはごく初期のうちから、意識と異なる無意識の審級の存在を確信していたが、記憶の理論を構築するプロセスにおいて、前意識の審級も想定されていた。そのことは『心理学草稿』(一八九五年)においてすでにニューロンの配置という心的な装置の概念が提起されており、知覚と記憶の場所的な違いの理論が構築され始めていたことからも明らかである。『夢解釈』の第七章のB項ではこれを図式化した有名な反射弓の理論が提起されている。

この理論の要は、意識がこの心的な装置の両端に存在することにあった。人間が何かを知覚する際には、そこに意識が存在することが前提とされている。しかし人間が知覚した印象は、ニューロンを通過するうちに別の場所に蓄えられて、そこで記憶となる。記憶されるのは、知覚の時点よりも後である。そして将来のいずれかの時点で、この記憶が想起されて意識に浮かび上がることになる。この想起の時点は、記憶よりも後である。すると知覚、記憶、想起という時間的な経過が想定される。ただしこの記憶されたものは、意識の表面からは消失して無意識的な記憶とならねばならない。意識の表面にとどまりつづけたのでは、人間はつねに新たなものとなる現在に対処することができなくなるからである。

ところで意識が過去の記憶を想起する際には、記憶を無意識の領域からとりだす必要がある。想起すると不快な印象をもたらす記憶は、抑圧されていて、想起することが困難になるが、記憶は別の衣装をまとうことで、無意識から前意識の領域に進むことができ、そこから意識の領域に入りこむことができる。このようにして無意識的な記憶は意識化されることができるようになる。

このプロセスについて、『夢解釈』の第七章では三つの図を使って説明している。図一は反射弓の図式であるが、この図をさらに詳しく展開した図三では、過去の記憶が想起されるプロセスを、知覚末端から無意識、前意識を経由して、運動末端である意識に到達する運動として説明していたものである。このプロセスはすでに『心理学草稿』の時代に、フロイトがフリースに書き送っていた心的なプロセスの説明をほとんどそのままに採用したものである。この時期にフロイトは、「もしもぼくが知覚と三つの記録の心理学的な特性を完全に示すことができるなら、それによってひとつの新しい心理学を書いたでしょう[5]」と説明している。この三つの記録とは、「知覚標識」「無意識」「前意識」の三つの領域における知覚内容の記録のことである。

想起というプロセスは、意識、前意識、無意識という三つの領域を通じて、過去において記憶された内容を現在において取り戻す運動である。これにたいして記憶というプロセスは、知覚した内容を無意識的な記憶の貯蔵庫のうちに収容するプロセスであり、知覚、記憶、無意識、前意識という領域を通じた運動である。この二つの運動は、時間的にみて反対向きになっていることに注目しよう。片方が順行であり、他方が退行なのである。

『夢解釈』で示された反射弓の図式では、知覚から無意識的な記憶に向かう方向が正の向きとされているのであり、これを正の向きの順行とすると、現在の意識から過去の記憶に向かう方向は、負の向きになり、過去への退行という意味をそなえているのである。そして夢の場合にも、夢を形成する内容は夢日の記憶の残滓を利用するものであるから、同じような時間的な退行という性格をそなえている。「心的過程が無意識から覚醒時中にあって動いていくような方向を前進的方向と名づけるなら、われわれは夢について、〈夢は退行的性格をもつ〉といって差支えない」[6]のである。

なおフロイトは退行について三種類のものを考えている。すでに考察された「時間的な退行」は、意識の審級から前意識、そして無意識の審級へとさかのぼるものであるという意味では、同時に「局所論的な退行」という性格をそなえている。さらに夢の内容は、覚醒時における主体の知覚内容を知性的で言語的な形で、概念化するものではなく、それを像に形式化するという意味で、「形式的な退行」という性格をそなえている。フロイトが指摘するように、これらの退行は結局は同じものの三つの顔である。「時間的に古いものは、同時に形式的に原始的なものであり、そして心的局在性においては知覚末端の近くに位置しているからである」[7]。

二種類の時間的な退行

この「夢の理論へのメタ心理学的な補足」の論文では、こうした時間的な退行に新たな意味を与えながら、これを二種類のものに分類しつつ、ナルシシズムの考察につなげていることが注目される。『夢解釈』における時間的な退行は、夢を見た時点から、その夢の素材となった記憶が生まれた時点への記憶における時間的な退行を意味していたが、この論文における時間的な退行は、「個人の発達における以前の状態に後戻りする時間的な退行」(二三一ページ)である。この意味での発達史的な退行には、自我の退行とリビドーの退行の二種類が考えられている。自我の退行は、「願望が幻覚によって成就される段階」(二三二ページ)である。リビドーの退行は、性的な対象に向けられたリビドーが、「原初的なナルシシズムの発生段階にまで」(同)退行するものである。

　発達史的な自我の退行は、幼児が空腹を満たそうとして母親の乳房を求めるときに、幻覚で母親の乳房を思い浮かべる段階にまで退行するものであり、快感原則と現実原則がまだ区別されないごく初期の段階への退行である。この退行は、結局は主体に満足をもたらすことができないために、空しいものである。乳房の幻覚は、幼児の空腹感をなくすことはできず、これでは願望は真の意味では満たされないからである。

　これにたいして発達史的なリビドーの退行は、いくつかの場合には意味をもつものとなる。わたしたちは身体が重い病にかかると、他者に向けていたリビドーを内部に撤収して、自分の病の治癒に向けてすべてのリビドーを投じることになる。病気の間は他者は病人を世話してくれるありがたい存在ではあるが、そうした他者にリビドーは向けられないのである。病が癒えた後に初めて、病人は他者への愛情を感じることができるようになる。

愛する他者を喪失したときにも、その他者に向けられていたリビドーはいったんは自己のもとに撤収せざるをえない。そのリビドーは行方のないものとなったからである。そして主体のうちで喪の仕事が行われて、それに成功すればリビドーを新たに別の他者に向けることができるようになるだろう。

これはどちらも必要不可欠なリビドーの再配置である。ところが夢の場合にはいくらか事情が異なる。睡眠中はわたしたちは他者を外部に認識することがないために、リビドーはすべて自己のうちに撤収されている。「疾患と同じように睡眠状態においても、リビドーが自己に向かって、あるいは正確には眠りたいという願望に向かって、ナルシシズム的に撤収されているのである。夢のエゴイズムは、これに関連したものだろう」(8)。

ここから夢における退行は、ナルシシズム的な傾向が表現されたものであり、夢を見ている主体は、眠りつづけたいという願望を充足するために、夢を見るということになる。さらに夢には「診断学的な」能力があることも、このナルシシズムから説明できる。「睡眠中にあっては、外界に向けられるべき心的な備給がすべて自我のもとに引き上げられてしまい、覚醒している時にはまだしばらくは気づかれなかったような身体的な変化が、それによってごく早い時期に感知できるようになる」（二三三ページ）からである。

ここまでは一九一四年に発表された「ナルシシズム入門」における夢の理論でおおむね考察の対象となってきたことである。しかしこの一九一七年の論文では、夢について新たな考察が深められている。というのも、夢を見ている間には、たんにその夢を見る前の「昼間の残滓」が自動的に再現されるわけではなく、その主体が記憶していることが意識されていなかったような幼年時代の記憶や、無意識的な願望などが、像としてまざまざと描きだされるからである。主体は夢によって自分の無意識的な願望を自覚できるようになるのであり、精神分析で夢の分析が重視されるのも、そのためである。

こうした願望は、夢を見る主体にとっては、想起するのも不快なものであり、そのために抑圧されて、目覚めている間は意識にのぼることがなかったものである。ところが夢ではこうした願望が主体を嘲笑するかのように跋扈するのである。そして悪夢となって眠りを妨げることもある。夢がこれまで考えられてきたように、リビドーを自己の内部に撤収してナルシシズム的な願望を充足するものだとすると、なぜ夢の中では無意識的な願望が表現されることが許されるのか疑問にならざるをえないのである。

夢における願望の表現のための条件

このように、夢においてわたしたちの無意識的な願望が表現されるためには、二つの条件が必要となると考えられる。第一の条件は、無意識と前意識の間の検閲が緩み、夢の仕事が自由に行えるようになることである。これは眠りという身体的な状況のために、意識と前意識が主体の意図するように働くものとなっているため、すなわち抑圧する力が弱くなっているために、可能になるものと思われる。

第二の条件は、無意識のうちの欲動の表現から、願望と心的なエネルギーの備給が行われていることである。「昼間の残滓が夢を形成する役割を果たすためには、無意識の欲動の動きという源泉から、新たな備給を受け取って強化されていなければならないはずだ」(二三六ページ)と考えられるのである。

これによって眠りつづける主体のうちで、欲動の不可思議な綱引き運動が発生することになる。自我は、それまで送り出していたあらゆる備給を自分のところに撤収することで、「絶対的なナルシシズムを作り出そうと試みる」(二三八ページ)だろう。これが実現すると、主体の意識は完全な空白となって自閉するだろう。その場合には夢を見ることもないだろう。

しかしわたしたちは夢を見る。夢を見るということは、無意識の領域から、日頃は抑圧されていた願望が、検閲の緩みを狙って動きだし、眠っている意識のうちに入り込もうとしたことを意味する。無意識のうちで抑圧されているものが、「眠りたいという欲望に逆らう」(同)のである。そこで自我と無意識のうちで、奇妙な綱引きのような競争が行われることになる。自我は眠るためにすべての備給を引き上げたいと願う。無意識はこの機会を捉えて、そのうちに抑圧されていたものを意識のうちにおしこもうとする。自我が油断していると、無意識は自我が検閲していた無意識的な願望まで、眠っている主体の意識のうちに送りこみかねない。「自我の支配が及ぶところでは、すべての系から備給が空《から》にされなければならない。Ubw［無意識］の欲動の備給が強ければ強いほど、眠りは不安定なものになるだろう」（一三八ページ）。

もし抑圧されていた欲動があまりに強いものであったならば、眠っている自我はこれを抑えることができなくなり、夢の中にその欲動が入り込むだろう。そして夢を見ている主体は普段は意識することも禁じている願望を夢の中で満たすことになるだろう。そのとき自我はもはや「これを抑制することができなくなって、眠りたいという願望を放棄することも考えられるのである。言い換えれば自我は、自分の夢を恐れるあまり、眠ることを放棄する」（同）ようになるのである。

夢における願望の表現の道

このようにして無意識のうちの願望が、自我の抑制を克服して意識のうちで表現されて夢となるのである。フロイトはこのような無意識のうちの願望が意識にのぼることのできる道筋として、次の三つの道筋を想定している。第一の道は妄想の道であって、願望が前意識から意識へと進むことで意識されるようになるものである。これは記憶が想起されるのと同じパターンと考えることができる。ただし意識はこの道を閉ざしているはずである。抑圧されたものは、意識にのぼらないことによって、無意識の領域にとどめられているはずである。それが意識にのぼることが許されるようになっているとすると、それはもはやパラノイアなどの精神障害である。「第一の道においてはこの欲動の動きは妄想的な観念を形成するものであり、この妄想において願望が充足されることになる。ただしこれは睡眠状態においては決して起こらない」(二四一ページ)。

　第二の道は、「直接に運動によって発散するものであるが、これは同じ原理によってありえないものとみなすことができる」(同)。運動は一部の反射運動を除いて、意識における検閲に服しているものであり、身体の運動が意識の制御を受けなくなると、これも精神障害とみなされる。唯一の例外は夢遊病であろう。

　第三の道が、これまで検討されてきた夢の中での願望の表現である。覚醒時には禁じられている願望も、主体が睡眠状態にあると、検閲機構が緩くなっているために、無意識の欲動が意識のうちで夢として表現されるのである。これは第一の道の妄想とは違って、主体の意識の狂いを表現するものでも、こうした狂いをもたらすものでもない。それでも主体は自分の秘められた願望の表現を夢として知覚する際に、大きな不安に襲われることになる。この不安が大きくなると、主体は「自分の夢を恐れるあまり、眠ることを放棄する」（二三八ページ）ようなことも起こるのである。

このように、夢における願望の表現には、興味深い特徴がある。夢を形成する最大のきっかけとなるのは昼間の残滓であり、これは意識的なものである。この昼間の残滓は、主体の意識から前意識へと進み、そこから無意識の領域に入り込み、そこで無意識的な欲望を引き出すきっかけを作りだすのである。この道程は、第一の道筋とは逆の向きであり、これをフロイトは「時間的な退行」と区別して、「局所論的な退行」（二四二ページ）と呼んでいる。

この退行にはもう一つ別の要素が含まれる。言語表象が事物表象に転換されることがあるのである。すでにフロイトは『心理学草稿』の執筆の時点で、知覚が記憶されるプロセスにおいて、「三つの書き替え」を想定していた。第一の書き替えでは、知覚した像が、「知覚標識」とされて、連想関係のうちで維持される。第二の書き替えは無意識の領域で行われるものであり、この像が事物表象とされて何らかの因果関係のうちで配列されて蓄えられる。この二つの表象は、意識されることがまったくない。第三の書き替えは前意識の領域で行われるものであり、これは「語表象に結びついており、われわれの公的な自我に対応している」(9)のである。

この知覚から無意識へ、前意識へ、そして意識へという方向は順方向とされており、意識から無意識へ向かう方向は退行とされている。そして夢の形成にあたっては、意識のうちの昼間の残滓が前意識に入り込むが、その際に前意識の領域の語表象は記憶に残りやすいものであり、それが無意識の領域の事物表象に結びつきやすいのである。「思考が主として視覚的な像に転換されるために、語の表象がそれに対応する事物の表象に連れ戻されることになる」(二四三ページ)のであり、「この場合には興奮の移動経路がVbw［前意識］からUbw［無意識］を通って知覚へと逆向きに進むのであり、これは同時に幻影による願望の充足という［幼児的な］早期の段階に逆戻りすることでもある」(二四二ページ)。

第六論文「夢解釈の全体への補足」と人間の道徳性

このように、夢は主体の秘めた願望や欲動を表現するものであり、精神分析にとっては解釈のための「王道」となるものである。そして睡眠のうちに検閲機構が緩むために、主体は覚醒しているときには自分に許すことのできないような不道徳な夢、

「不道徳的な欲動の動きや近親姦的な欲動の動きや倒錯した欲動の動きなどであったり、殺人的でサディズム的な情欲の表現」（二七〇ページ）を夢見ることであったりする。この夢の道徳性の問題を取り上げたのが晩年の第六論文「夢解釈の全体への補足」である。

こうした夢は主体を不安にさせるのであり、不安が大きくなると、主体は「自分の夢を恐れるあまり、眠ることを放棄する」（二三八ページ）ようなことも起こるのである。夢の重要な機能は、主体の眠りたいという願望を充足することにあったことを考えると、夢のために主体が眠りつづけることをできなくしてしまうのでは、夢の本来の目的が損なわれることになる。このような不安夢の存在は、フロイトに夢の機能について重要な疑念を抱かせることになった。とくに第一次世界大戦以後の戦争神経症において、戦場で激しい衝撃を受けた兵士たちが、その衝撃を夢の中で繰り返し反復するという症状を引き起こすことが、フロイトにとって大きな課題を生むことになった。こうした患者はどうして自分が見ることを望まない光景を何度でも夢に見るのだろうか。

フロイトはここから、人間の欲動にはエロス的な性格のものだけではなく、自分の死と破壊を求めるという性格のものがあるという結論を引き出した。これが「死の欲動」である。この欲動は、「快感原則の彼岸」にあるものであり、生命あるものが生まれてきた無機物の状態に戻ろうとする欲望であると考えるようになった。

ただしこの論文では、この死の欲動については考察されずに、不道徳な夢を見た本人の倫理的な責任という問題を考察している。このような不道徳な夢を見るということは、そうした不道徳な行為への欲望が存在していることを示すものであり、そこにある種の倫理的な責任が存在するのは明らかである。

しかし誰もそのような夢を見たことで責められることはない。人間の成長の過程において母親と交わる近親姦の願望を抱くことも、父親を殺害することを望むことも、ごく当然なものであることは、まさに精神分析が明らかにしてきたことだからである。これはエディプス・コンプレックスの表現であって、人間の心の発達の原史なのである。そこでフロイトはこの論文では、この問題をこうした夢が人間の倫理的な性格に及ぼす影響という観点から捉え直している。こうした観点からみると、このような不道徳な夢には二つの機能が考えられる。

第一は、こうした夢を見ることで、夢を見た人が自分の欲動についての洞察を深めうることである。「邪悪な夢を見た人は、その夢の責任が自分にあると考えなければならないのは当然のこと」（二七二ページ）であり、精神分析を受けないとしても、そのような欲望がみずからのうちに存在することを知ることができるのである。夢を分析することで、「隣人たちによる批判や、自分の行動における障害の発生や、自分の感情における混乱などによってしか、自分の過ちを確認することはできなくなる」（二七三ページ）という事態を避けることができるだろう。

第二は、こうした夢を見ることで自分のうちの邪悪なものにたいして強く反発し、良心を鋭く研ぎ澄ませることになる場合があることである。「邪悪なものに対する抑圧が強ければ強いほど、良心はより活発になる」（二七五ページ）のであり、良心の声の大きい人は自分のうちの邪悪なものにたいする反動形成によって、自分の良心を鋭敏にしていることが多いのである。こうした邪悪な夢は、自分の欲動の不道徳性について意識させることによって、その人の倫理性をさらに高める可能性があるのである。「自分の本来のあり方よりも〈より良き〉者であろうとする人は、自分の生涯の間に偽善や抑止によって生み出されたものよりも良きことをなそうと努力すべき」（同）なのである。

「夢とテレパシー」との関連

この論文でさらにフロイトは、テレパシーの問題を改めて考察している。「さしあたりのところはテレパシーという現象が実在するのであって、その他の普通であれば信じがたいような言説の核心となる事実を作り出している可能性があることを認めざるをえないのである」(二八〇ページ)。このようにフロイトはテレパシーの存在を否定はしないものの、「夢とテレパシー」の論文と同じように、科学性を重視する姿勢は崩していない。そしてこの論文ではある手相占いによる予言の実例を考察しながら、こうしたテレパシーの可能性を考察している。

この実例では、ある女性が手相占いから、三二歳になったら子供を産むと予言された実例を点検し、この予言は占い師による真の予言ではなく、この女性がテレパシーの力によって、この占い師に三二歳で子供を産んだ自分の母親について知らせていたのではないかと考えているのである。「精神分析とテレパシー」の論文ではフロイトは、このような予言は実際には行われなかったものとして、患者の女性が無意識のうちにそのような記憶を捏造した可能性を検討している。この占い師は「なんら驚くべきことでない一般的で色褪せた慰めしか語っておらず、彼女の方が徐々に自分の無意識の中から意義のある数を引き出して置き入れた(10)」のではないかと、テレパシーについては否定的な姿勢を示している。しかしこの論文では、あくまでも「直接的な転移によって伝えていたと考えられる」(一八三ページ)と、テレパシーの存在を肯定するかのように語っているのである。そして夢の第二次加工によって、テレパシー的なメッセージが「その日の夜の間に、夢の中で初めて加工される可能性があることも否定できない」(一八四ページ)と、その問題をさらに敷衍しているのは、興味深いところである。

注

(1) フロイト『夢解釈』第六章。邦訳は『夢判断』、『フロイト著作集』第二巻、高橋義孝訳、人文書院、四一五ページ。
(2) フロイト『夢解釈』第七章。邦訳は同、四一八ページ。
(3) 同。邦訳は同、四三九ページ。

（4）同。
（5）フロイトの一八九六年一二月六日付けのフリース宛て書簡。邦訳は『フロイト フリースへの手紙』河田晃訳、誠信書房、二一二ページ。
（6）フロイト『夢解釈』第七章。邦訳は前掲訳書、四四六ページ。
（7）同。邦訳は同、四五一ページ。
（8）フロイト「ナルシシズム入門」。邦訳は『エロス論集』中山元訳、ちくま学芸文庫、二四七ページ。
（9）フロイトの一八九六年一二月六日付けのフリース宛て書簡。邦訳は『フロイト フリースへの手紙』前掲訳書、二一二ページ。
（10）フロイト「精神分析とテレパシー」。邦訳は『フロイト全集』第一七巻、須藤訓任訳、岩波書店、三〇五ページ。

フロイト年譜

一八五六年

東欧のモラビア（現チェコ共和国東部）の町フライブルクのユダヤ人商人の一家の長男として生まれた。ただしフロイト家はその頃にはユダヤ教の儀礼は採用しておらず、わずかに年数回のユダヤの宗教的な祭を祝うにすぎなかった。しかしユダヤ人としての出自は消えず、フロイトは父が町でユダヤ人にたいする嫌がらせで帽子を叩き落とされて、屈辱を味わわされるのを目撃している。この事件は父親にたいするアンビヴァレント（両義的）な感情を高めるとともに、ユダヤ人であることの意味を考えさせることになった。

一八六〇年　四歳

フロイト一家、ウィーンに移住。経済的には苦しい生活を強いられる。フロイトはウィーンは嫌いだと語ることが多かったが、事態が絶望的になるまでは、決してウィーンを離れようとはしなかった。

一八七三年　一七歳

ウィーン大学医学部に入学。生理学者

のブリュッケのもとで学び、顕微鏡によるザリガニの神経細胞の研究で優れた業績をあげている。一八八一年に医学の学位を取得。翌年には、マルタ・ベルナイスと出会って、婚約する。

一八八五年　二九歳
パリを訪問して、シャルコーの有名なヒステリー治療の講義に出席する。それまでにフロイトは、コカインの利用に関する論文を発表して注目されていたが、このときの強烈な体験で、心理学の分野に進むようになる。

一八八六年　三〇歳
ウィーンで神経症の治療を開始する。この治療の経験がやがてブロイアーとの共著『ヒステリー研究』(一八九五年)に結実する。この年、マルタと結婚。

一八九五年　三九歳
『ヒステリー研究』刊行。どれも興味深い症例だが、アンナ・O嬢の分析は、フロイトが催眠術を利用するのをやめて、患者に語らせる「カタルシス」療法を始める決定的なきっかけとなる。

一九〇〇年　四四歳
『夢解釈』(邦訳は『夢判断』)を刊行。すでに一八九五年頃から神経症の治療というよりも精神分析というべき治療法を確立していたが、その重要な方法が患者に夢を語らせることであった。見た夢について患者に尋ねることで、患者の無意識があらわになることが明らかになってきたのである。「夢の解釈は、精神生活の無意識を知るための王道だ」と考えていたフロイトはこの著書で、主として自分の夢を手掛かりに、無意識の表象の重層的な意味の分析方法を明かしたのである。

一九〇一年　四五歳

『日常生活の精神病理学』を刊行。フロイトにとって、無意識が存在することを示す兆候は、三つあった。神経症という病、夢、そして日常生活におけるうっかりした言い間違えや忘却などである。すでに疾患と夢について考察していたフロイトは、この書物でこの第三の兆候について詳細に検討した。

一九〇二年　四六歳

ウィーンのフロイト宅で水曜日ごとに私的な集まりを開くようになった。これがウィーン精神分析協会の始まりである。この協会には、フェレンツィ、ランク、アドラーなどが集まった。後にはアーネスト・ジョーンズが参加してロンドンに精神分析協会を設立し、やがてユングも参加してチューリッヒに精神分析協会を設立する。こうしてフロイトの精神分析の運動は、世界的な広まりをみせるようになる。そして弟子や仲間たちの背反の歴史も始まる。

一九〇五年　四九歳

『性理論三篇』刊行。精神分析の中核となるのは、幼児期の性的な体制の理論とエディプス・コンプレックスの理論であるが、これらの理論を明確に提示したのが、この重要な理論書である。
また同年に、『あるヒステリー患者の分析の断片』を発表（症例ドラ）。これは分析が失敗に終わったドラの分析記録であり、以後フロイトは重要な症例分析を次々と発表する。ウィーン精神分析協会の参加者の一人の息子ハンスの動物恐怖症を分析した記録『ある五歳男児の恐怖症分析』（一九〇九年、症例ハンス）、強い父親コンプレックスに悩まされていた強迫神経症の患者の分析である『強迫神経症の一症例に関する考察』（一九〇九年、症例・鼠男）、ドイツの裁判官のパラノイアの分析として名高い『自伝的に記述されたパラノイア（妄想性痴呆）の一症例に関する精神分析的考察』（一九一一年、症例シュレーバー）、ロシアの貴族の強迫神経症の分析である『ある幼児期神経症の病歴より』（一九一八年、症例・狼男）は、フロイトの五大症例として有名であり、精神分析の世界ではいまなお模範的な症例分析とされている。

一九一四年　五八歳
『ナルシシズム入門』発表。第一次世界大戦の勃発にともなう政治的、文化的な危機と、極限状態における人々の異様な反応は、フロイトにそれまでの理論的な体系の再検討を促すものだった。こうしてフロイトはメタ心理的な理論を構築するようになる。そのきっかけとなったのがナルシシズム論の再検討だった。この状況は「戦争と死に関する時評」(一九一五年)にありありと描かれている。

一九一五年　五九歳

『欲動とその運命』刊行。この書物はフロイトの新しいリビドー論を展開するものであり、新たな理論構想が胎動したことを告げる書物である。その後「抑圧」「無意識について」などのメタ心理学の論文が次々と発表される。

一九一七年　六一歳

メタ心理学の論文のうちでも、フロイトにとってとくに重要な意味をもっていたのが、死と喪についての論文「喪とメランコリー」である。この論文でフロイトは新しいリビドーの理論をナルシシズムの理論と結びつけて展開する。これが後に死の欲動という新しい理論に結実することになる。

一九二〇年　六四歳

『快感原則の彼岸』刊行。これはそれまでの自己保存欲動とエロス欲動という二元論的な構成を、死の欲動とエロスの欲動という二元論に組み替えるにいたった注目すべき論文である。ラカンなど、後の精神分析の理論家に大きな影響を与える書物となる。

一九二三年　六七歳

『自我とエス』刊行。新しい欲動論が登場したため、自我の審級論にも手直しが必要となる。後期のフロイトの自我の局所論を示す重要な著作。この年、口蓋部に癌を発病。以後、長くこの病に悩まされる。晩年のフロイトは体調不良の中で執筆をつづけることになる。

一九二七年　七一歳
『幻想の未来』刊行。フロイトの宗教批判を初めて明確なかたちで訴えた書物。宗教だけではなく、宗教という「病」を生んだ西洋の社会にたいするまなざしも鋭い。

一九三〇年　七四歳
『文化への不満』刊行。『幻想の未来』の論調をうけつぎながら、西洋の文化と社会にたいする批判をさらに研ぎ澄ませた書物。超自我と良心の理論、昇華の理論、不安の理論など、それまでの精神分析の理論的な成果を文明批判に応用することによって、精神分析がたんに患者の治療に役立つだけではないことを示したのである。精神分析の理論が政治理論の分野に進出した異例な書物でもある。

一九三三年　七七歳
ヒトラーがドイツで権力を掌握。オーストリアもファシズム国家になる。ユダヤ人迫害も厳しさをまし、国際連盟の無力さがやがて明らかになることになる。この前年フロイトはアインシュタインと書簡を交換し、人間が戦争に赴く理由について考察した「人はなぜ戦争をするのか」を書き、この年に発表している。この書簡のペシミズムは、その後のフロイトを支配する主要な傾向の一つとなる。

またこの年に、『精神分析入門（続）』を刊行。これは『精神分析入門』（一九一六～一九一七年）の続編として、フロイトの後期の理論体系を講義としてわかりやすく語ったものである。

一九三八年　八二歳

ドイツがオーストリアを占領。ヒトラーがウィーンに到着した三月一三日以降、ウィーンではユダヤ人迫害の嵐が吹き荒れる。三月一五日にはフロイトの自宅が家宅捜索され、二二日には娘のアンナが逮捕され、ゲシュタポに連行されたが、無事に帰宅できた。六月四日にフロイト一家はウィーンを離れ、六日にはロンドンに到着した。しかしフロイトの五人姉妹のうちの四人までが収容所やゲットーで死亡することになる。

一九三九年　八三歳

フロイトの西洋文明とキリスト教批判の最後の言葉である『モーセと一神教』刊行。『トーテムとタブー』（一九一三年）の原始社会の誕生に関する考察を敷衍しながら、この書物で検討していたトーテミズムを端緒とする西洋の宗教の歴史の全体を展望する壮大な書物である。また同時に、ユダヤ教についての長年の考察をまとめ、さらにキリスト教批判と、ユダヤ人迫害の背景についても考察した遺著となる。この年の九月二三日、癌のために死去。

訳者あとがき

フロイトにとっては夢解釈の理論は精神分析の根幹ともいうべき重要な学問分野だった。だから一九〇〇年に刊行した『夢解釈』には、版を重ねるごとに新たな記述が追加されたのであり、最終的には一つの迷路のような巨大な構築物となっていった。フロイトはそれでも飽き足らず、『夢解釈』を刊行した後にも、折に触れて夢の解釈にかかわる文章を発表しつづけた。本書に収録したのはそのような文章の集まりである。本書の第一部に収録した「夢について」「証拠としての夢」「夢に出てくる童話の素材」「夢とテレパシー」の文章は、『夢解釈』の内容を補足しながら、新たなアイデアを展開したものである。第二部に収録した「夢の理論へのメタ心理学的な補足」と「夢解釈の全体への補足」は、一九一〇年頃から始まったフロイトの新たな理論構築の試みであるメタ心理学的な考察にあわせて、『夢解釈』を補足し、展開したものである。これらの文章はフロイトが夢の精神分析的な解釈に賭けていたものの大きさを示すものであると同時に、フロイトの思想的な展開の方向性を示すものとして、わたしたちに大きな示唆を与えてくれるものである。

とくに冒頭の「夢について」の論文は、『夢解釈』の内容を補足しながら新たな夢の素材を使って理論的な展開と整理を試みたものであり、フロイトの夢理論を理解するためには重要な手掛かりとなっている。さらに第二部の二つの論文は、フロイトが死の欲動の理論を構築した後になって、夢解釈の方法と理論をどのように再構築しようとしていたかをうかがわせるものであり、フロイトの欲動の理論についてのわたしたちの理解を深めてくれるだろう。

＊　＊　＊

本書はいつものように、光文社古典新訳文庫の創刊編集長である駒井稔さんと編集者の今野哲男さんの励ましをきっかけとし、翻訳編集部の中町俊伸さんのこまやかなご配慮と、編集者の中村鐵太郎さんの細かな原文チェックを支えとして誕生したものである。いつもながらのご支援に、心から感謝の言葉を申しあげたい。

中山元

kobunsha classics
光文社古典新訳文庫

フロイト、夢《ゆめ》について語《かた》る

著者　フロイト
訳者　中山《なかやま》元《げん》

2021年5月20日　初版第1刷発行

発行者　田邉浩司
印刷　新藤慶昌堂
製本　ナショナル製本

発行所　株式会社光文社
〒112-8011東京都文京区音羽1-16-6
電話　03（5395）8162（編集部）
03（5395）8116（書籍販売部）
03（5395）8125（業務部）
www.kobunsha.com

落丁本・乱丁本は業務部へご連絡くだされば、お取り替えいたします。
ISBN978-4-334-75443-3 Printed in Japan

いま、息をしている言葉で、もういちど古典を

長い年月をかけて世界中で読み継がれてきたのが古典です。奥の深い味わいある作品ばかりがそろっており、この「古典の森」に分け入ることは人生のもっとも大きな喜びであることに異論のある人はいないはずです。しかしながら、こんなに豊饒で魅力に満ちた古典を、なぜわたしたちはこれほどまで疎んじてきたのでしょうか。

ひとつには古臭い教養主義からの逃走だったのかもしれません。真面目に文学や思想を論じることは、ある種の権威化であるという思いから、その呪縛から逃れるために、教養そのものを否定しすぎてしまったのではないでしょうか。

いま、時代は大きな転換期を迎えています。まれに見るスピードで歴史が動いていくのを多くの人々が実感していると思います。

こんな時わたしたちを支え、導いてくれるものが古典なのです。「いま、息をしている言葉で」――光文社の古典新訳文庫は、さまよえる現代人の心の奥底まで届くような言葉で、古典を現代に蘇らせることを意図して創刊されました。気取らず、自由に、心の赴くままに、気軽に手に取って楽しめる古典作品を、新訳という光のもとに読者に届けていくこと。それがこの文庫の使命だとわたしたちは考えています。

このシリーズについてのご意見、ご感想、ご要望をハガキ、手紙、メール等で翻訳編集部までお寄せください。今後の企画の参考にさせていただきます。
メール　info@kotensinyaku.jp

光文社古典新訳文庫　好評既刊

人はなぜ戦争をするのか　エロスとタナトス
フロイト
中山元 訳
人間には戦争せざるをえない攻撃衝動があるのではないかというアインシュタインの問いに答えた表題の書簡と、「喪とメランコリー」、『精神分析入門・続』の二講義ほかを収録。

幻想の未来／文化への不満
フロイト
中山元 訳
理性の力で宗教という神経症を治療すべきだと説く表題二論文と、一神教誕生の経緯を考察する「人間モーセと一神教（抄）」。後期を代表する三論文を収録。

ドストエフスキーと父親殺し／不気味なもの
フロイト
中山元 訳
ドストエフスキー、ホフマン、シェイクスピア、イプセン、ゲーテ……。鋭い精神分析的な考察で文豪たちの無意識を暴き、以降の文学論に大きな影響を与えた重要論文六編。

モーセと一神教
フロイト
中山元 訳
ファシズムの脅威のなか、反ユダヤ主義の由来について、みずからの精神分析の理論を援用してユダヤ教の成立とキリスト教誕生との関係から読み解いたフロイトの「遺著」。

善悪の彼岸
ニーチェ
中山元 訳
西洋の近代哲学の限界を示し、新しい哲学の営みの道を拓こうとした、ニーチェ渾身の書。アフォリズムで書かれたその思想を、肉声が音楽のように響いてくる画期的新訳で！

光文社古典新訳文庫　好評既刊

道徳の系譜学

ニーチェ
中山 元 訳

『善悪の彼岸』の結論を引き継ぎながら、新しい道徳と新しい価値の可能性を探る本書によって、ニーチェの思想は現代と共鳴する。ニーチェがはじめて理解できる決定訳！

ツァラトゥストラ（上・下）

ニーチェ
丘沢静也 訳

「人類への最大の贈り物」「ドイツ語で書かれた最も深い作品」とニーチェが自負する永遠の問題作。これまでのイメージをまったく覆す、軽やかでカジュアルな衝撃の新訳。

この人を見よ

ニーチェ
丘沢静也 訳

精神が壊れる直前に、超人、ツァラトゥストラ、偶像、価値の価値転換など、自らの哲学の歩みを、晴れやかに痛快に語ったニーチェ自身による最高のニーチェ公式ガイドブック。

人間不平等起源論

ルソー
中山 元 訳

人間はどのようにして自由と平等を失ったのか？ 国民がほんとうの意味で自由で平等であるとはどういうことなのか？ 格差社会に生きる現代人に贈るルソーの代表作。

社会契約論／ジュネーヴ草稿

ルソー
中山 元 訳

「ぼくたちは、選挙のあいだだけ自由になり、そのあとは奴隷のような国民なのだろうか」。世界史を動かした歴史的著作の画期的新訳。本邦初訳の「ジュネーヴ草稿」を収録。

★続刊

アルプスの少女ハイジ　ヨハンナ・シュピリ／遠山明子・訳

アルプスの山小屋に住む祖父に預けられたハイジは、たちまち山の生活にも慣れ、大自然のなかで成長していく。でもある日、ゼーゼマン家の足の不自由な娘クララの遊び相手として、都会の家に住み込むことになり……。挿絵多数で贈る新訳！

コモン・センス　トマス・ペイン／角田安正・訳

独立宣言へとアメリカに舵を切らせた空前絶後のベストセラー！ イギリス本国に不満をつのらせる市民への檄文「コモン・センス」は、アメリカの社会・政治体制の変革を促した書物としては唯一無二。ほか、ペインの筆の力が冴えわたる3篇を収録。

フロイト、性と愛について語る　フロイト／中山 元・訳

対象選択という観点からの男性心理について、またエディプス・コンプレックスから読み解く幼児期の性愛と同性愛のメカニズムについて、さらには西洋の文化のあり方と性愛の関係までをテーマに、「性と愛について」の考察を進めたフロイト論文集。